講談社選書メチエ

755

やさしくない国ニッポンの政治経済学

日本人は困っている人を助けないのか

田中世紀

MÉTIER

プロローグ

2019年の秋、「Yahoo! ニュース」に、ひっそりと、こんな記事が掲載された。

「人助けランキング、日本は世界最下位」——

ジャーナリストの飯塚真紀子が、ホームレスが避難所に入るのを拒否されたことを受けて、ホームレスへの差別を問題化するために執筆したものである。記事では、日本人は実は冷たい国民なのではないか、と投げかけていた。この記事で取り上げられている「世界人助け指数（World Giving Index）」は、イギリスのチャリティーズ・エイド財団（Charities Aid Foundation）によって作成されているもので、全世界の130万人以上の人にインタビューを行った2009年から2018年までの一〇年間の総合ランキングでは、日本は126ヵ国中107位——先進国では最下位だった。全世界での最下位は中国で、同じ東アジアの台湾は48位、韓国は57位と中位に沈んでいるが、それでも日本より高評価を得ていた。

別にこの指標を鵜呑みにするつもりはないが、日本人ははたして本当に人助けをしない、他人にやさしくない国民なのだろうか。同じ日本人として、にわかに信じがたいかもしれない。例えば、先の東日本大震災のときに、非常事態の中でも日本の人々が結束して助け合う姿勢を世界中のメディアが賞賛していた。そうした「思いやりの心」や「助け合いの心」が日本人にはあるのではないか、と。

世界中で新型コロナウイルスが猛威をふるっており、日本でもコロナ禍で企業の倒産が相次ぎ、経済への甚大な影響が出ている。家にいることが増えたり、感染するかもしれないという不安から他人に疑心暗鬼になったりと、心理的な影響も大きい。そんな中、アメリカの有力紙『ニューヨーク・タイムズ』に、こんな記事が掲載されていた。

「困難を乗り越えるのにいちばんよい方法は、他人を助けることである」――

この記事によれば、他人を助けるために、ほんの些細なこと、例えばボランティアをする、寄付をする、あるいは寄付をしている自分を想像するだけでも、気分がよくなり、高揚感が脳内で得られるらしい。人を助けることで、過度なストレスによって分泌量が増加するコルチゾールのレベルも低下することが報告されている。このように、他人を助けることにはいろいろメリットがあるようだが、思いやりの心をもつ日本人は、人助けをすることで無意識のうちに、こうしたメリットを享受していたはずではなかったのか。「他人にやさしくない国ニッポン」と「思いやりの国ニッポン」――まったく背反する日本像だが、どちらが実像に近いのだろうか。

人助けといっても千差万別で、いろいろ違った形の人助けを考えることができるだろう。「道端で苦しんでいる人を助けたことがある」、「困っている人のために募金や寄付をしたことがある」、「献血をしたことがある」、「ボランティアをしたことがある」、「いじめを受けているクラスメートを助けたことがある」、「電車でお年寄りや妊娠している人に席を譲ったことがある」。あるいは、「貧しい人やお年寄りを、税金を通じて助ける」ことも人助けに含めることができるかもしれない。

一般的に言って、自分で自分のことをやるのが「自助」、自分や自分の家族、または本当に親しい人以外の他人を助けるのが「他助」、政府などの公的機関を通じて他人を助けるのが「公助」だとすると、先のランキングが示唆しているとおり、日本は「他助」と「公助」が脆弱化して「他人にやさしくない自助だけの国」になりつつある。これが本書の出発点である。

歴史上、人の社会は協力の上に成り立ってきた。1600万部を超えた世界的ベストセラー『サピエンス全史』(二〇一一年)で、著者のユヴァル・ノア・ハラリが、こんなことを言っていた——肉体的により屈強だったネアンデルタール人が絶滅して、弱かったわれわれ人類の祖先が生き残ったのは、われわれの祖先が「協力」することができたからである、と(Harari 2018)。現代を切り取ってみても、社会のシステムは人と人の協力によって成り立っていることが多い。福祉国家などはその典型で、一人一人が弱者になってしまうリスク(貧困、失業、疾病、高齢)をあらかじめみんなで協力して共有しましょう、というのが一つの理念としてある。そうした前提を忘れて、自分のことは自分でするし、他人も助けない。自分は他人を助けない、ということは、もちろんその裏返しとして、他人も自分を助けてくれない。日本は本当にそんな究極の自助の国になっているのだろうか。仮にそうなっているのだとしたら、なぜそうなっているのか。また、自助の国には、どんな未来が待っているのか。

——こうした問いを社会科学の研究を参考にしながら考察したのが本書である。

やさしくない国ニッポンの政治経済学◉目次

序章　人にやさしくない、貧しい国ニッポン

私は今、アムステルダムに住んでいるが、時々オランダは日本に似た国だな、と思うことがある。もちろん、運河に沿って瀟洒な建物が立ち並ぶ通りを自転車で走っていると、やはりまったく違うヨーロッパの国だとは思う。しかし、ゴミも比較的落ちていないし、きちんと列に並んだり、ルールを守る国民性は日本に近い。家も、日本に似て、特にアムステルダムや都市部ではかなり狭く、アパートの階段の天井もこちらが頭をかがめないといけないくらい低かったりする。世界一平均身長が高いオランダ人が本当に住めるのだろうか、と不安になるくらいだ。また、他の欧米の国と違って、オランダでは電車をはじめとする公共サービスも比較的しっかりしているので、時折海外にいることを忘れてしまう。

だが、私は各国の政治、経済、社会を比較する研究をしているので、カフェで見知らぬオランダ人が気軽に話しかけてきたとき、また運河沿いや公園を歩いていて、楽しそうに談笑するオランダ人を観察しながら、非常に大雑把ではあるが、しばしば次のような問いに思い耽ってしまう——日本と他の国はどこが違うのか。そして、日本人とはどういう国民なのだろうか。

グローバル化が進む中、他国の文化に触れる機会が増えて、違いを見つけるのは比較的難しくないだろう。それでも、たくさんある違いの中からいくつかを選んで、これが日本人に固有の国民性だ、と断言するのはなかなか難しい。

がんばっても報われない日本社会

アムステルダムの公園で日光浴を楽しむ人たち（著者撮影）

これまでいろいろな国で教鞭を執ってきたが、どの国でも必ず学生に聞く質問がある——「人生の成功が遺伝と環境の二つで決まるとしたら、どちらが重要だと思いますか？」

要は「ネイチャー vs. ナーチャー（Nature versus Nurture）」の議論で、「成功」の定義は難しいが、あなたの成功は、生まれながらの性格や才能によっているところが多いのか、それとも、生まれ育った町や友達の存在といった外部的な要因が重要なのかを聞いているのである。離別した双子を追跡調査する自然実験以外、きちんとした統制実験ができないため、これが答えだというものはなく、私自身も何が正しい答えなのかは分かっていない。この点は学生も一緒で、正しい答えがない以上、自分のこれまでの経験を踏まえて答えるしかない。学生にとっては自分の人生に関わる話なので、けっこうみんな真剣なまなざしで答えてくれる。

この質問で面白いのは、国によって学生の答えに大きな違いが出てくる点だ。例えば、アメリカでは概して、50%以上は遺伝、つまり生まれもったもので自分の人生の成功が決まる、と考えていた。それに対して、オランダでは、70%程度は学校や友人など、育った環境要因が人生の成功を決めるはずだ、と答える学生が多い。最近は聞いていないが、日本でもオランダと似た答えが多かった。日本では「一億総中流」のイメージが強かった影響もあるかもしれない。遺伝は人それぞれであるはずなのに、社会に出れば結果はあまり変わらなくなってしまう、と。

仮に、それぞれの国の政治経済や社会のあり方がこの質問の答え方に影響を与えるのだとしたら、今、日本人にこの質問をすると、どういった答えが返ってくるだろうか。自分の成功は遺伝のおかげだ、と答える人が多いだろうか。それとも、環境要因のほうが成功を決める、と思っている人がまだ多いのだろうか。

少し異なるが、一〇年ほど前に行われた第6回「世界価値観調査（World Values Survey）」に、こんな質問項目がある――「あなたの成功はあなた自身の努力の結果だと思いますか、それとも運など他の要因によると思いますか?」この調査によれば、60%以上のアメリカ人は、自分の成功は努力の結果だと考えていることが分かる。それに対して、政治制度や社会制度はまったく異なるにもかかわらず、日本とオランダでは、約45%の人しか、そのように考えていない。もちろん「遺伝」と「努力」はまったく違うものだが、共通しているのは、アメリカ人の半数以上が「自分次第で人生は何とかなる」と考えているのに対して、日本人もオランダ人も「人生の成功は自分がコントロールできない外的な要因によって決まることが多い」と考えている点だ。

このように、共通点がいくつか見られる日本人とオランダ人にも大きな違いがある。「思いやりの国」、「おもてなしの国」といった世間一般の評価とは逆に、日本人は困っている人を助けない、他人にやさしくない国民なのである。これが日本人の唯一の特徴だと主張するつもりはない。しかし、オランダだけでなく、全世界の国と比べても、日本人は他人を助けない傾向にあるのだ。

なぜだろうか？　日本人は他の人に関心がないからだろうか？　他の人を信頼できないからだろうか？　それとも、他の人に迷惑をかけられたくないからだろうか？　いずれにせよ、仮に日本の社会が外的な環境によって、自分がいくらがんばっても望んだ結果にたどりつけない社会になっているのだとしたら、にもかかわらず困っている他の日本人を助けない、自分のことは自分でどうにかしなければならない国になっているのだとしたら、日本の将来はいったいどのようなものになるのだろうか。

本当に日本人は他人を助けないのか

海外に住んでもう一〇年以上経つので、外国人の知り合いから日本旅行のエピソードを聞かせてもらった経験がそれなりにある。概して日本はキレイで、現代と伝統のバランスがとれているなどと言われるから、こちらとしても誇らしい気分になる。中でもよく耳にするのが、日本では落とした財布が返ってくる、というものだ。本当に財布を落としたのか、都市伝説的な噂話をこちらの気分をよくするために言っているのかは定かでないが、かなり多くの友人から聞いたことがある。他にも日本について美談を聞くことは多く、「アメリカと違って、震災や災害のあとに暴動や略奪が起きない」、「ボランティアが多く、人助けの精神が残っている」などは典型的なものだ。こうした話は、日本人の多くも耳にしたことがあるのではないだろうか。

だが、日本人の意識調査や行動動態の変遷を研究している私からすれば、こうした美談には違和感を覚えてしまう。本当に日本人は困っている人を助けるやさしい国民なのか？――残念ながら、答えは否だ。

例えば、先述した2019年の「世界人助け指数」によれば、「人助け」の項目で126ヵ国中、日本は最下位。「寄付」の項目では64位、「ボランティア」の項目では46位となっている。右のような美談に反して、こうした調査によれば、日本はどうやら「他人にやさしくない国」らしい。

こうした自分の信念とは違う話や事実を突きつけられると反論したくなるのが人の常で、天邪鬼《あまのじゃく》の私もいろいろ反論を考えてみたくなる。例えば、考えられる一つの反論は、この調査団体の標本が一般的な日本人ではなく、たまたま「極端に他人にやさしくない日本人」を対象にした可能性があるのではないか、というものだろう。しかし、残念ながら、こうした「他人にやさしくない日本」像は、他の多くの調査（異なる標本抽出法、異なる年次）でも一貫して見られるのだ。少し古いが、2007

年のアメリカのピュー・リサーチ・センター（Pew Research Center）の調査では、「政府は貧しい人々の面倒を見るべき」という項目に「同意する」と答えた日本人は、調査対象の47ヵ国中、最低の59％だった。スペインが最高の96％で、ヨーロッパで日本とよく比較されるドイツでも、92％の人が「政府は貧しい人々の面倒を見るべき」だと答えている。日本人の4割は、自分自身が助けないだけでなく、政府も「他の困っている日本人を助けるべきではない」と考えているのだ。

これでも納得しない人がいるかもしれない。例えば、日本人は「他の国と違う人助けをしている」可能性が考えられるだろう。日本特殊論者の私の母親が言いそうなセリフだが、日本人の人助けのやり方は他の国の人助けとは違うのだ、と。確かに、「世界人助け指数」が元にしている質問の一つに「チャリティーに寄付したことがあるか」というものがあるが、チャリティーが盛んなアメリカなどと違って、多くの日本人はあまりチャリティーになじみがないかもしれない。もう一つの質問に「困っている見知らぬ人、あるいはまったく知らない他人を助けたことがあるか」というものもあるが、もしかすると日本人は、見知らぬ人ではなく、家族や友人、地域の住民など、知り合いしか助けない「内輪にやさしい国民」なのかもしれない。

だが、これも孤独死の増加や自己責任論の高まりなどから推測するに、そうとは言いきれない。実際、地域の住民とのつながりに関して言えば、内閣府が2020年に行った「社会意識に関する世論調査」によると、一〇年前に比べて、地域の住民の間で「困った時に助け合うのが望ましい」と回答した人は8ポイント減少しており、逆に「世間話をする程度の付き合いが望ましい」と答えた人は14

ポイント、「挨拶をする程度の付き合いが望ましい」も8ポイント増加している。また、仮に日本が「内輪にやさしい国」だったとしても、日本人はなぜ他の国の人と比べて見知らぬ人にやさしくないのか、という疑問は残る。

もちろん、他人を助けたがらないからといって、日本人が悪い人というわけではない。よい人でも人を助けないことはあるからだ。

社会心理学に有名な「善きサマリア人の実験」というものがある。プリンストン大学の心理学者ジョン・ダーリーとその学生のダニエル・バトソンが行った実験で（Darley and Batson 1973）、彼らは神学を学ぶ学生たちに新約聖書の一節（人助けのお話）についての説教を近くのビルに行って披露してくる、というミッションを与えた。ただし、この二人の研究者は途中で人が倒れている、という設定も用意しておいたが、学生はそのことを事前に知らされていない。さあ、弱者救済を夢見て勉学に励んでいる神学生たちは、はたして困っている人を助けるのか？　それとも、本末転倒にもミッションを優先してしまうのか？

この実験で分かったのは、急いでいる人は、どんなに徳が高い善人でも他人を助けないことがある、ということだ。実は、ダーリーとバトソンは一部の神学生に「あなたは遅刻している。会場で人が待っているから急いだほうがよい」と伝え、他の学生グループには「まだ時間はあるけれど、すぐ向かったほうがよい」と伝えていた。結果、まだ数分の余裕があったグループで立ち止まって人助けをしたのは63％だったが、急がないといけなかったグループで立ち止まったのは10％ほどでしかなかった。現代の日本人も、忙しすぎて、本当は助けたいのに助けないだけなのかもしれない。しかし、残念ながら、そうではない。善人の日本人が他人を助けないことには、他の構造的な要因もある、というのが本書の一つの主張である。

貧困化する日本

一方で、日本はどんどん「貧しい国」になってきているようだ。「豊かさ」の定義はいろいろあるが、ここでは物質的な豊かさを考えてみたい。

国全体で見た場合、中国には抜かれたが、日本はまだ国内総生産（ＧＤＰ）では世界3位を守っている。しかし、非労働力である高齢者の増加などが影響しているとはいえ、一人あたり国内総生産で見ると、先進国37ヵ国中（ＯＥＣＤ加盟国）、２０１９年のコロナ前の時点で、すでに18位に落ち込んでいる（17位がフランス、19位が韓国）。スイスの国際経営開発研究所（ＩＭＤ）がサーベイなども含めて、より多角的なデータに基づいて発表している「世界競争力ランキング２０２０（World Competitiveness Ranking 2020）」でも、日本は63ヵ国・地域中34位と、中位に沈んでいる。

企業の競争力を見ても、アメリカの経済誌『フォーブス』が２０１９年に発表した世界のＩＴ企業トップ10に日本企業は1社もなく、トップ100にようやく13位のソフトバンクを筆頭に16社が入っている（https://www.forbes.com/top-digital-companies/list/）。同じくアメリカの経済誌『フォーチュン』が２０２０年に発表した世界のトップ500社には、トヨタが10位にランクインしているものの、100位以内に日本企業は8社のみ。成長著しい中国は、トップ10に3社、トップ100には24社が入っているし、いまだに世界経済を牽引しているアメリカは、34社がトップ100にランクインしている（https://fortune.com/global500/）。高度経済成長期を経て成長著しかった日本をアメリカの社会学者エズラ・ヴォーゲルが「ジャパン・アズ・ナンバーワン」と評した頃から見ると、落日の一途である。

次に、どういう人がお金をもっているのか、もっていないのか、またその割合はどうなっているのか、といった所得の国内分布を見てみると、日本は他の先進国と比べて、より多くの人が貧困の問題に直面していることが分かる。例えば、アメリカでは、マイクロソフトの創業者ビル・ゲイツやアマゾン・ドット・コムの創業者ジェフ・ベゾスなど、ごくひと握りの大富豪が所得を独り占めしている、とよく言われる。日本でも、一部のお金持ち、例えばソフトバンクグループの孫正義やファーストリテイリングの柳井正、楽天グループの三木谷浩史などが注目されることもある。しかし、日本では、そうした大富豪への富の集中以上に、大部分の日本国民の所得が下がっていることがより深刻な問題だと思われる。

厚生労働省による2019年の「国民生活基礎調査の概況」によれば、一世帯あたりの平均所得は552万3000円で、ピーク時の1994年（664万2000円）から緩やかな減少傾向にある。もちろん、収入の長期的な増減は物価の上昇・下落、消費行動の変化などにも影響されるので、一概には比較できない。しかし、同調査で、半数以上の54・4％の世帯が「生活が苦しい」と答えている点は見逃せない。

所得の分布をより詳しく見てみると、中央値（所得を低い人から高い人へと順に並べて二等分した境界値）は437万円で、平均値より低くなっている。これは日本人の半数以上が平均的な収入より低い収入しか得ていないことを示しており、具体的には所得が平均を下回る世帯は全体の61・1％にのぼっている。

確かに、日本では、一日100円以下の収入しかなく、飢餓に苦しんでいるといった、途上国でよく見られる「絶対的な貧困」はあまり聞いたことがない。しかし、国内の水準で比較して、その国の大多数よりも貧しい人を計算した「相対的な貧困」で見ると、日本は「貧しい人が多い国」だということが分かる。2020年時点のOECDのデータを比較してみると、貧困が社会問題化しているアメリカや、アカデミー賞を受賞した映画『パラサイト　半地下の家族』（ポン・ジュノ監督、二〇一九年）で貧困問題がさらに浮き彫りになった韓国には及ばないものの、日本の貧困度はそれに近い(https://stats.oecd.org/)。また、同じデータでは、日本の貧困の問題は都市部だけでなく、多くの地域で見られることも分かる。

貧困は他人事か

では、具体的にどういった人が貧しい人になりやすいのだろうか？　日本の貧困研究の第一人者である阿部彩によれば、日本では特定の人が貧困に苦しむ傾向にあり、高齢者、母子家庭の人、非正規労働者が特にそれにあたるという（阿部　二〇二一）。先述の「国民生活基礎調査の概況」によると、

「貯蓄がない」と答えたのは全世帯の13・4％。これはこれで高い数値だが、高齢者世帯に限ると14・3％、母子世帯だと31・8％に跳ね上がる。また、豊かな国というイメージが強い日本でまさかと思うかもしれないが、日本では多くの子どもが貧困に苦しんでいる。相対的貧困の数字を見ると、2018年の日本における（17歳以下の）子どもの貧困率は13・5％だった――これはOECD諸国の中でも最悪の水準である。

現時点で、日本人の「6人に1人」は貧困状態にある、と言われている。ただ、逆に言えば「6人中5人」の日本人にとって、これはまだ他人事《ひとごと》で、「格差社会」、「下流社会」、「ワーキングプア」とメディアが囃《はや》し立ててもピンとこない人も多いのかもしれない。正規の仕事を得ている人や配偶者がいる人は、特にこうした貧困のイメージが湧きにくいのだろう。

しかし、日本全体（特に中間層）が貧しくなっている中、近い将来、より多くの人が「貧しい人」のカテゴリーに入る可能性は否定できない。新型コロナウイルスの影響によって、この傾向がますます強まる可能性もある。先述したとおり、日本人の多くが「人生の成功は自分がコントロールできない外的な要因によって決まることが多い」と考えているのだとしたら、自分が何らかのきっかけで「貧しい人」になることも、リアルに想像できるかもしれない。近年の日本の貧困化を鑑みると、いくらがんばっても「貧しい人」になる可能性は年々高まっていると言えるだろう。

仮にあなたが「貧しい人」になったとしたら。また、日本が「自分のことは自分でしなければならない社会」になってしまっているとしたら。そのような社会では、自分が貧困状態になったとしても、誰も助けてくれないだろう。もっと言えば、生活保護受給者へのバッシングなどから推測するに、誰も助けてくれないだけでなく、自分が貧困になったことで自己責任を問われ、非難すら受けるかもしれない。

社会全体で考えても、貧困は（後述するように）精神疾患の増加といった、個人の問題のように見えて間接的には社会全体にコストがかかるような、さまざまな社会問題を引き起こす可能性が指摘されている。近年では、低所得者層がポピュリズムに賛同しやすい、という研究も欧米で議論されており、貧困を起因とする新たな問題が注目を浴びている。貧困は、何も貧しい人、貧困のボーダーライン上にいる人だけの問題ではないのである。

以下では、こうした問題関心のもと、なぜ日本人は困っている人にやさしくないのか、なぜ日本は自分のことは自分でどうにかしなければならない国になっているのか、と問うた上で、貧困化する日本という状況を背景にしながら、自己責任の国の将来はどのようなものになるのか、そしてそれに対して何ができるのかを考えていきたい。前半の第1章から第3章では、なぜ日本人は他人を助けないのか、について議論する。その前提を踏まえて、後半の第4章と第5章では、自己責任の国の公助のあり方について考えてみたい。

第1章

他人を信頼しない日本人

ラフカディオ・ハーンが見た日本

私は島根の出雲で生まれたので、県庁所在地の松江には何度も行ったことがある。地元の出雲大社からだと、日本百景の一つで淡水と海水が混じった汽水湖である宍道《しんじ》湖沿いに車で松江方面に一時間ほど行くと、左手に松江城が見えてくる。松江城は、他の有名どころのお城と比べてこぢんまりとしている割に、全国で現存する一二天守のうちの一つがあるし、石垣もしっかりしていて、内濠とのコントラストが美しい。天守閣から見える松江の街並みと宍道湖の景色もなかなかだし、松江では私のお気に入りの場所の一つである。

その松江城を出て城壁に沿って歩き、松江城山公園を抜けて稲荷橋と新橋を渡って内濠の外側沿いを歩いていくと、昔ながらの武家屋敷が立ち並ぶ一角がある。その途中に、木造で和風の（改築以前は洋風だったらしい）小泉八雲記念館が建っており、私も何度か行ったことがある。松江にゆかりのある小泉八雲、旧名パトリック・ラフカディオ・ハーン（一八五〇―一九〇四年）を記念して建てられた文学館で、ハーンの生い立ちを説明したり、自筆原稿などを展示したりしている。その隣には、小泉八雲旧居もある。

長らく続いた江戸時代が終焉し、明治維新から二三年目の１８９０年、ハーンは日本にやって来た。時代は日本が殖産興業・富国強兵をスローガンとして欧米に追いつき追い越せと近代化を進めていた頃で、大日本帝国憲法が発布された翌年のことである。そんな中、ハーンは島根県尋常中学校と島根県師範学校の英語教師として松江に赴任した。山陰の冬の寒さになじむことができなかったから

松江城（著者撮影）

か、わずか一年三ヵ月ほどの滞在だったが、松江の士族の娘である小泉セツと出会い結婚、出雲大社に外国人として初めて昇殿を許されるなど、濃密な時期を過ごしたことが窺われる。その後、明治29年（１８９６年）には東京帝国大学文科大学英文学科の講師となり、この頃日本に帰化して、小泉八雲と名乗った。ちなみに、英文学科におけるハーンの後任は、かの夏目漱石である。ハーンは学生のあいだで人気があったようで、漱石はその反動で就任当初は不人気だったらしい。

ハーンにはいくつか代表作があり、『怪談』（一九〇四年）がいちばん有名かもしれないが、その優れた洞察力で日本社会について考察したものが含まれている。若干、日本が好きすぎてハーンの日本観には賛否両論があるようだが、その執筆作業の多くが松江で行われたという

小泉八雲の書斎（著者撮影）

『知られざる日本の面影』（一八九四年）では、こんなことを言っている。

日本の生活にも、短所もあれば、愚劣さもある。悪もあれば、残酷さもある。だが、よく見ていけばいくほど、その並外れた善良さ、奇跡的と思えるほどの辛抱強さ、いつも変わることのない慇懃《いんぎん》さ、素朴な心、相手をすぐに思いやる察しのよさに、目を見張るばかりだ。（ハーン 二〇〇〇、七頁）

日本人のように、幸せに生きていくための秘訣《ひけつ》を十分に心得ている人々は、他の文明国にはいない。人生の喜びは、周囲の人たちの幸福にかかっており、そうであるからこそ、無私と忍耐を、われわれのうちに培う必要があるということを、日本人ほど広く一般に理解している国民は、他にあるまい。（同書、三一七頁）

人は同じ環境の中にずっといると、物事の評価を客観的に下すのが難しくなることがある。日本文化論や日本政治論など、「日本〇〇論」とつくものに外国人の研究者によるものが多いことも、これに関係しているかもしれない。例えば、日本文学研究者のドナルド・キーンや、政治学者のチャルマーズ・ジョンソンなどが好例で、中からは見えにくいものが、外からは（他国との比較もできて）客観的に見えることがあるからだろう。それに加えて、16歳の時にクリケットのボールが当たり、左眼を失明して隻眼となったためか、ハーンは直接目で見るだけではなく、五感を研ぎ澄ませて物事を本質で捉える能力や鋭い洞察力を有していたのかもしれない。

そのハーンが、日本人は「相手をすぐに思いやる察しのよさ」があり、「人生の喜びは、周囲の人たちの幸福にかかって」いることを理解している、と評していたのである。

他人を思いやるふりをする日本人

ラフカディオ・ハーンの言うように明治期の日本が思いやりに溢れていて、他人の幸福が自分の幸福につながると考えている社会だったのだとしたら、どうして今日の日本は「思いやりのない」社会になってしまったのだろうか。考えられる一つの仮説は、実はハーンの見ていた「思いやりの国ニッポン」は幻想だった、というものだろう。何らかの要因のせいで明治期の日本人は他人を思いやる「ふり」をしていたのであり、今の日本人と本質的には変わりはない、という主張である。荒唐無稽な仮説のように聞こえるかもしれないが、これにはそれなりのロジックと経験的証拠がある。

この仮説の基本的なロジックは、社会心理学者である山岸俊男の『安心社会から信頼社会へ』（山岸一九九九）に依拠している。山岸の主張は後述するとして、まずは山岸らの研究グループの主張の元になっている日米比較調査を紹介しよう。その調査によれば、「たいていの人は信頼できると思いますか、それとも用心することにこしたことはないと思いますか？」という質問に「たいていの人は信頼できる」と答えたのは、日本では26％、アメリカでは47％だった。

同調査には「他人を助ける」ということに直接的に関係している質問として、「たいていの人は、他人の役に立とうとしていると思いますか、それとも、自分のことだけに気をくばっていると思いますか？」というものもあるが、それに対して「他人の役に立とうとしている」と答えたのは、アメリカでは47％だったのに対して、日本では19％だった。

多様な人種、民族で構成され、人種差別が根深いアメリカでは、他者への信頼が低く、所得の再分配についての合意形成がしにくい、という研究結果が多く存在する。そのアメリカ人よりも日本人のほうが他者を信頼しないというのは、にわかには信じがたいが、山岸らの研究グループは、同調査だけではなく、さまざまなデータを使って、日本はお互いを信頼しない社会だと主張する——なぜだろうか？

山岸によれば、社会には相手の本当の意図についての情報（例えば、相手が嘘をついているかどうかについての情報）が不足している状態が存在する。これを「社会的不確実性が存在している状態」（同書、五九頁）という。そこで「信頼」という概念が出てくる。信頼は、社会的不確実性が存在しているにもかかわらず、相手の人間性ゆえに（相手をよい人だと思うから）、また相手との関係性において、相手が自分に対してそんなにひどいことはしないだろう、と考えることである。

その上で、日本人が他人を信頼して（いるように見えて）、他人と協力するのは、例えば江戸時代の制度で言えば五人組など、ルールから逸脱することに対する相互監視と制裁という社会を支える制度があるからである。言い換えれば、相手が自分を騙したり、自分に対して悪いことをしないだろうという考えを、相互監視と制裁の社会制度が担保しているのである。逆に、相互監視と制裁がない状態では、日本人は日本人同士で信頼し合えない。また、相互監視と制裁の社会制度がない状態では、多くの日本人は助け合いを促す社会的圧力がないため、先述の日米比較調査の結果のとおり「たいていの人は、他人の役に立とうとしておらず、自分のことだけに気を配っている」という考えをもつことになる。

きわめて個人主義的だと見られるアメリカ人に対して、日本人は集団主義に基づいて行動する、と言われることがある。しかし、ここでも山岸の主張からすれば、日本人は自発的に集団主義的に行動しているわけではない。むしろ、集団主義を担保する社会制度が存在しないところでは、日本人はアメリカ人以上に個人主義的に行動するのだという。これは複数の既存研究を検討した髙野陽太郎と纓坂英子による「集団主義の日本人と個人主義のアメリカ人」という通説には確たる証拠がない（Takano and Osaka 2018）という分析とも整合的である。

社会制度頼みの日本人の思いやり

こうした主張は、山岸らのグループによる社会的ジレンマに関する複数の実験結果でも実証されている。「社会的ジレンマ」とは「互いに協力し合えばすべての人が便益を得ることができるにもかかわらず、各人が自己の利益だけを考えて行動することで、結局はすべての人が不利益をこうむってしまう」状況を指す。次のような例を考えてみよう。

①実験に参加したすべての人が協力すると、1000円もらえる
②他の人は協力するが、自分は協力しない場合は、2000円もらえる
③すべての人が協力しない場合は、500円もらえる

このような状況では、すべての人が協力すると分かっていたら協力すればよいが、すべての人が協力するかどうか分からないため、「協力しない」を選択するのが合理的な判断となる。そして、みんなが同じように協力しないという合理的な選択をすると、結果として、③の社会的に見て最も理想的ではない状態が生まれてしまう。この実験で面白いのは、どういった時に人は人を信頼するのかが明らかになる点だ。山岸によると、非協力者が特定できないような状況で（したがって非協力者を処罰できない）実験を行うと、日本人よりアメリカ人のほうが協力する傾向が見られるが、他方で、相互監

視に基づいて非協力者を罰するルールを導入すると、日本人も協力傾向が高まることが分かったという。懲罰制度によって、他の人は協力するだろうという安心を得られることで、初めて日本人は協力的な行動をとる傾向があることになる。

この山岸の考え方に基づくと、なぜラフカディオ・ハーンをはじめとする多くの人が日本は思いやりの強い国だと考えるのか、合点がいく。日本では昔から相互監視と制裁の社会制度が確立されており、そうした社会の中では、日本人は他人を信頼できるし、助け合いをすることも助長される。ただし、ここで言う助け合いは、制度によって半ば強制された、他人からの好意に対して返礼をしなければ何らかの社会的な懲罰を受ける、という受動的なものとも捉えられるし、制度が担保してくれた他人への安心感や好意から（半）能動的に生じるものと考えることもできるだろう。いずれにせよ、制度に頼った信頼や助け合いは、その制度がなくなった途端、蜃気楼のように消えてしまうだろう。

実は、山岸は「信頼」の他に「安心」という概念も使って日本社会を描写しようとしていた。「安心」とは、社会的不確実性が存在していないと認識することであり、日本はこれまで相互監視と制裁の社会制度によって「よそ者」を排除し、信頼に頼らない安心社会を築いてきた。しかしながら、近代化と都市化によって地域コミュニティーにおける社会ネットワークが低下し、日本のあちこちで見られたムラ社会的な安心社会は崩壊しつつある。例えば、町内会、自治会などと呼ばれる地縁組織への加入率は、原因はさまざまあると思うが、低下の一途である。

１９６８年に総理府（現在は内閣府）が行った「住民自治組織に関する世論調査」では、町内会などへの加入率は市部で88・7％、町村部では90・5％もあったのに対して、２０１０年度の内閣府「国民生活選好度調査」によると、地縁組織に加入していると答えた人は73％だった。このように、地域での人々のつながりが減少し、相互監視に基づく社会的制裁が難しくなると、社会制度に頼っていた日本人は他人を信頼できなくなる。同時に、社会的制裁もないので、人を助けなくてよい、あるいは信頼しない人を助けたくない、という考えが暗黙裡に定着してきた可能性がある。

ハーンが見ていた素晴らしい日本は、この「安心社会」に基づいたもので、実は他者に対する真の信頼があったわけではないし、明治期の日本人が本当に助け合いたかったわけでもない——そう考えると、社会は経済成長とともに変わったにもかかわらず、明治期と本質的には変わっていない、他者を信頼しない日本人像が浮かび上がってくる。人と人との関係のあり方を社会制度に頼っていたために、日本人は昔から他者を信頼するトレーニングを受けてこなかった。その結果、既存の社会制度が消滅しつつある今、日本人は他者との関係をどうしてよいのか困っている状態なのかもしれない。山岸が今の日本の状態を「安心社会」から日本人が社会制度に頼らずに真に他者を信頼できる「信頼社会」への過渡期と捉えているのは、そのためである。

ルールに頼る日本人

少し話はずれるかもしれないが、日本人は昔から他者への信頼を高めなくてもよい制度を作るのに長《た》けていたように思う。例えば、ビジネスの世界において、企業間の取引ではさまざまな信用リスクが生じる。そうしたリスクを下げるために、系列会社内で取引を行うなど、日本の企業は日本的慣行を構築してきた。また、企業間の取引の仲介をする（総合）商社は日本に特有のものと言われることがあるが、これも何らかの制度が存在しないとお互いを信頼できない企業が余分な費用をわざわざ商社に払って信頼を買っている（商社が企業間の信頼を担保する）と考えることができる。終身雇用制にしても、優秀な従業員が途中で辞めないように、また会社が途中で従業員を解雇しないように、互いの信頼を高めることなく保証するための制度として捉えることもできるだろう。

高度経済成長期を支えたこのような日本的経営が崩壊しつつある中、日本ではあらゆるところで信頼を担保していた社会制度が雲散霧消し、日本人同士が疑心暗鬼になっているのかもしれない。

この「蜃気楼・ルール仮説」とでも呼べる仮説は、実は他の社会学の研究とも整合的である。例えば、社会人類学者の中根千枝によれば、日本人の生活は、個人が仕事などを通じて結ばれる社会集団を中心に展開され、その小集団が階層化し、序列を作りながら大集団を形成する（中根 二〇一九）。個人は、その集団に帰属し、集団のルールに則って行動しているかぎり、相応の自由が確保されるし、安定的な生活も保証される。

このように、ここでも日本人は何らかの社会制度に頼って生活する国民として考えられていることが分かる。しかし、時代とともに集団への帰属意識が薄まると、集団のルールにも拘束されなくなる。仮に助け合いがこうした集団のルールに則って成り立っていたのだとしたら、集団のルールがなくなれば助け合いも、もちろんなくなってしまう。

利他的な日本人と利己的な日本人

ここまで「信頼」を軸に「他人に冷たいニッポン」、他者を助けない日本像について考えてみた。ただし、仮に日本人同士の信頼の欠如が助け合いの欠如につながるのだとしても、実は信頼の欠如は日本だけではなく世界各国で見られる現象だという点には留意する必要がある。山岸らのデータに反して、ボウリング場で一人でボウリングに興じるアメリカ人が増加している点を取り上げて、アメリカの政治学者ロバート・パットナムはすでに２０００年代以前からアメリカでも信頼の水準が低下していることを指摘し、アメリカ社会に警鐘を鳴らしていた（Putnam 2000）。また、２０１９年に行われた第7回「世界価値観調査」では、アメリカ人の62・5％が「社会の多くの人は信頼できず、気をつけるべき」だと考えており、これは日本人の61％よりわずかではあるが多い。これらのデータに従うなら、日本人が他者を信頼しないということだけでは、他の国よりも（少なくともアメリカ人よりも）、なぜ日本人が他者を助けないのかを説明できないことになる。

ならば、信頼の欠如以外にも、日本人が他の日本人を助けたくないと思わせるような要因があるのだろうか。本章では社会制度によって日本人の行動を説明しようとしたが、制度が同じ社会でも、より利他的な行動をする人もいれば、そうでない人もいる。日本では、何らかの要因によって、そうした利他的で人を助けたいと思う人が少ない可能性があるのではないだろうか。次章では、この点について考えてみたい。

第2章　そもそも、なぜ人は他人を助けるのか

ヒトの本能的な利他性

イギリスの生物学者チャールズ・ダーウィン（一八〇九―八二年）は進化論に寄与したことで知られている。「生きることは戦い」であり、生物同士が生存し続けるために努力をする。ただし、ここでは「自然淘汰」のメカニズムが働くため、環境に有利な性質をもっている生物が環境に適応でき、適応できた生物が生存・繁栄していく。有名な「適者生存」の概念である。この「適者生存」という「言葉」だけが一人歩きして、ダーウィンは「弱肉強食の論理」あるいは「優生思想」をもっていたと誤解されがちだが、実は彼はこうも述べている。

シンパシー（あるいは共感）をより多く持ち合わせた構成員から成る社会が最も繁栄し、より多くの子孫を残せるだろう。（Darwin 2004, p. 138）

「生きることは戦い」という利己的な社会のイメージとは相反して、共感という「利他的」な感情をもつことが、ひいては「適者生存」につながる――ダーウィンはそのようにも考えていたのである。ただ、現代の人が生物学的に、あるいは本能的に利他的なのかどうかを見極めるのは非常に難しい。そもそも、完全に利他的な状態は存在するのか、という問題があるからである。先述した「善きサマリア人の実験」をともに行ったジョン・ダーリーの弟子であるダニエル・バトソンは、その後、利他主義研究の第一人者になった。彼の著書『利他性の人間学』は日本でも訳書が刊行されているが

（バトソン二〇一二）、彼は、人は誰でも他人への共感という感情から、自分の損得にかかわらず、その人を助けたいと思うはずだ、という「共感・利他主義仮説」を提示した。人間は、人によって程度の差はあれ「見返りを期待しない」ピュアな利他主義を持ち合わせた生物なのではないか、と言うのである。

また、イェール大学で大学院生だったカイリー・ハムリンらの研究チームによれば、言葉を話す前の生後6ヵ月の赤ちゃんは、すでに人を助けるという行為を認識し、そうした利他的な行為を好む傾向にあるのだという（Hamlin, Wynn, and Bloom 2007）。イギリスの科学誌『ネイチャー』に掲載されたこの実験では、まず赤ちゃんに人形が丘を登ろうとする様子を見せた。その人形が丘をなかなか登れずにいるところに、別の二つの人形が登場する。一つは先の人形を助ける「善きサマリア人」的な存在で、もう一つは先の人形を丘の下に突き落とし、登るのを妨げる「悪しき人形」である。その後、あとから登場した二つの人形のどちらかを赤ちゃんに選ばせると、驚くべきことに、9割以上の赤ちゃんが「善きサマリア人」的な人形を選んだという。また、別の実験では、丘を登っていた人形が助けてくれた人形と妨害した人形のそれぞれに近づく様子を見せたところ、妨害した人形に近づいたとき、生後10ヵ月の赤ちゃんたちは驚いた表情を見せた。生存本能が働いたと考えることもできるが、人間は生まれながらに利他的な行為を好むという側面があるのかもしれない。

しかし、人間がこのようなピュアな利他主義を持ち合わせているという考えに対して、他人を助けるという行為は実際には利己的な動機に基づいて行われるものだ、とする立場もある。例えば、困っている人を助けたいと思ってした行為が、意識的に、あるいは無意識のうちに自分のためになっていることは多い。こうした理由からボランティアをする人は多いかもしれないし、このような利他行為の自分へのメリットは、例えば経済学では「温情効果（warm glow effect）」として知られてきた。また、他者を助けるメリットとしては、心理的なメリットだけでなく、他人を助けることで社会的な評判が上がる、あるいは下がらない、といった社会的なメリットも考えられる。人によっては、非物質的なメリットだけでなく、自分が困った時に助けてもらえることを期待するという、互恵的な、より即物的なメリットのために他人を助けるかもしれない。

このように、一見すると利他的な行為も利己的な側面をもっている可能性は否定できない。利他的な行為の本当の動機を特定するのは難しいためか、利己的な動機か、利他的な動機かを問わないで、いかなる時に人は他人を助ける傾向にあるのかを分析する研究も多い。こうした動機を問わない行為は、利他主義ではなく、他の人のためになるように意図された自発的な行動として「向社会的な行動（prosocial behavior）」と呼ばれることがある。

どんな人が他人を助けるのか

では、人はどういった場合に向社会的な行動をとるのだろうか。向社会的な行動といっても、さまざまなものが考えられる。例えば、お金を他の人にあげる寄付、自分の体の一部を提供する臓器提供や献血、自分の時間と労働を無償で提供するボランティアなど……何を向社会的な行動と考えるかによって、「どういった人が他人を助けるのか」の答えも変わってくるが、ここでは誤解を恐れず、ボランティアの規定要因を例にして、一般的な研究を概観してみたい。

まず、先ほどの「共感・利他主義仮説」が示すとおり、共感性の強い人はボランティアに参加する傾向にあるようだ。共感が人助けの一つのメカニズムになっていることは、大地震などの自然災害のあとにボランティアや寄付が増加することからも分かるだろう。

心理学では、類似概念である「シンパシー（同情）」と「エンパシー（共感）」が調査の段階ではあまり区別なく使われることがある。海外でマイノリティとして暮らす私を心配してか、母親が老婆心で日本から送ってくれた、ブレイディみかこの『ぼくはイエローでホワイトで、ちょっとブルー』というエッセイに、こんな一節があった。

シンパシーのほうは「感情や行為や理解」なのだが、エンパシーのほうは「能力」なのである。〔…〕シンパシーのほうはかわいそうな立場の人や問題を抱えた人、自分と似たような意見を持っている人々に対して人間が抱く感情のことだから、自分で努力をしなくとも自然に出て来る。だが、エンパシーは違う。自分と違う理念や信念を持つ人や、別にかわいそうだとは思えない立場の人々が何を考えているのだろうと想像する力のことだ。（ブレイディ二〇一九、七五頁）

仮にエンパシーが境遇の違う人を思いやる「能力」だとして、既存研究の言うように共感力が強い人ほど人助けをする傾向にあるのだとしたら、日本人は他の国の人と比べて人を思いやる能力が著しく欠けているために、他人を助けない傾向にあるのだろうか。

社会科学での真犯人の見つけ方

この「日本人は共感力が欠けている」という主張を「共感仮説」と呼ぶことにしよう。仮説ということは、まだ確たるエビデンス（証拠）が存在せず、実証されていない命題であり、エビデンスがなければ、象牙の塔から生まれた空論と謗《そし》りを受けても仕方がない。

社会科学の方法はいろいろあるが、私は自分の研究では自然科学にできるだけ近い手法をとることが多い。基本的には、まず仮説を立てて、それを実証する方法を考え、その方法に則って仮説を検証する、という手順をとる。ＴＢＳテレビに『水曜日のダウンタウン』という番組があり、世の中の出来事についてさまざまな仮説を立てて、それを検証していくというものだが、大まかな手順は一緒である。

例えば、先の「善きサマリア人の実験」のように、人はどういった時に他人を助けるのか、という問いに対して、急いでいない人ほど他人を助ける傾向にある、という仮説を立てるとする。この仮説の一つの検証方法は、急いでいる人のグループと急いでいない人のグループを無作為に作り、どちらのグループのほうが他人を助ける傾向にあるのかを比較することだろう。もし急いでいないグループのほうが他人を助ける傾向が強ければ、この仮説は支持されたことになる。そして、その後、自分自身や他の研究者によるさまざまな追試を経て、この仮説の正しさを検証していく。ここでは「無作為」にグループを作るという点が重要で、急いでいないグループにはじめから他人を助けたいと思っている人たちを集めてしまう、といったことがないように注意する必要がある。もしそのようなグループを作ってしまったら、検証結果の解釈は「急いでいない人は人助けをする傾向にある」ではなく、「他人を助ける傾向にある人は他人を助ける傾向にある」という同語反復的なものになってしまうだろう。

もちろん、社会を研究の対象としているので、自然科学のように実験室で実験をすることは難しく、社会科学の研究には、より不確実性がともなう。そこで、私は一つの問いに対する複数の仮説を比べ、どの仮説がより説明力が高いのかを調べることで、どの容疑者（仮説）がより真犯人に近いのかを見極めていく、というプロセスをとることが多い。

人助けの有力な容疑者たち

話を戻そう。「共感仮説」の他の有力な容疑者としては、ボランティアの費用対効果が大きくなる人ほどボランティアに参加する傾向になる、という研究結果がある。より具体的に言えば、高収入の人や高学歴の人ほどボランティア活動をする余裕があるために（あるいはボランティアのコストが小さいために）ボランティアに参加しやすい、ということになる――これを「資源仮説」と呼ぼう。

また、宗教も他人を助けるという行為に影響があると言われる。キリスト教をはじめとする多くの宗教では、人類愛、相互扶助などの概念が教義に組み込まれている。そのためか、宗教的な人ほどボランティアに参加しやすいというのである――これを「宗教仮説」と呼ぶことにしよう。

少し決定論的な要素を含んでしまうが、性別も他人を助けるという行動に影響を与えている可能性がある。女性は一般的に競争を好まない、あるいは平等などの倫理的な側面を男性より強くもっている、と言われることがある。こうした違いから、女性のほうがボランティアに参加する傾向にある（また寄付をする傾向にある）という研究結果が多く出ている。ただし、雇用状況などの社会経済変数を考慮すると分析結果が変わるという指摘もあるので、注意が必要である（寄付の場合は、寄付の金額によって結果が変わるという研究もある）。

収入や性別など、人の属性以外の要因を分析する研究も、もちろんある。例えば、話の伝え方を少し変えるだけで、多くの人が寄付をしたいと思うようになるという。2019年にノーベル経済学賞を受賞したアビジット・バナジーとエステル・デュフロのベストセラー『貧乏人の経済学』（バナジー＋デュフロ 二〇一二）にも収録されているので日本でも有名かもしれないが、ペンシルヴァニア大学のデボラ・スモールらの研究グループが、貧困についての二つの似通ったストーリーを別々の学生のグループに聞かせ、どちらのグループでより寄付が集まったかを比較実験した（Small, Loewenstein, and Slovic 2007）。

一つのストーリーは「アフリカのマラウイで食糧不足で300万人の子どもが苦しんでいる」など、多くのアフリカの国で貧困問題が深刻なので、どうか寄付をしてください、と訴えるものだった。もう一つのストーリーは「マリの7歳の少女ロキアが貧困と飢えで苦しんでいる」ので、どうか彼女の生活を楽にするために寄付をしてください、というもので、こちらのほうが多くの寄付が集まったという。

スモールらは、この実験を踏まえて、寄付を集めるには、統計などを使って理性に訴えかけるのではなく、個人の体験談などを聞かせることで心を揺さぶることが必要なのではないか、と結論づけた。また、この実験の結果は、多くの人は「300万人の子ども」を助けると聞くと途方に暮れてしまい、助けたいと思っても助けることができるとは思えないが、「ロキアだけ」なら助けられるかもしれない、という対象となる人数も人々の利他性に影響を与えることを示唆している。少し論理が飛躍するかもしれないが、助ける対象が多いことが人々の利他性を低下させてしまうのなら、人口も比較的多く、人口密度が高い日本では、人を助けたくないのではなく、人は人を助けられないと潜在的に考えてしまう「人口密度仮説」なるものが存在しているのかもしれない。

どんな日本人が他人を助けるのか

日本人の向社会性についての研究はどうなっているだろうか。日本でのボランティアに関して言えば、社会学者の三谷はるよの分析によると、まずボランティアの便益とコストの観点から見る「資源仮説」について、かつては高収入の日本人のほうがボランティアに参加する傾向にあったが、1990年代以降、その傾向は見られないという（三谷 二〇一六）。一般的に言って、現在の日本では、高収入の人や、特定の職業についている人ほど他人を助ける、とは言えなそうである。

この「資源仮説」について、三谷による日本におけるエリートの変化についての考察は興味深い。従来、高学歴、高収入のエリートは地域社会で中心的な役割を担うことを期待されていた。しかし、近代化、都市化、産業構造の転換がもたらした社会の変化の中で、日本のエリートへの社会的圧力が減り、逆に「誰でもできるボランティア」観が流布されて、ボランティアの脱階層化が生じた。三谷は、こうした社会の変化を日本の高収入エリートがボランティアに参加しなくなった要因の一つと考えている。

それに対して、三谷によれば、教育水準や共感性、宗教心の有無といった要因は、日本でもボランティアへの参加と関係しているようである。「共感仮説」、「宗教仮説」は、日本では有力な容疑者かもしれない。ただし、教育に関して言えば、他人を助けるのはよいことだ、というような道徳的な教育を学校で行うのが重要ということではない。ここでは教育水準が重要で、確かに教育にはボランティアに親和的な人々の認知的能力を高めるという側面もあるが、一般に高学歴と高収入に高い相関があることを考えれば、必ずしも「資源仮説」が日本で否定されるわけではないのかもしれない。

では、日本人を他の国の人と比べたとき、これらの仮説はどれだけ説得的だろうか。

まず「資源仮説」について言えば、日本人の多くが他国の人と比べて収入も少なく、教育も乏しい（ので他人を助けない）とは決して言えないだろう。むしろ、収入と教育の面で言えば、日本はいまだに世界のトップクラスとは言えないまでも、上位を占めている。ただし、第1章で述べたように、日本の多くの家庭が経済的に疲弊してきており、他人を助ける余裕が年々なくなってきている、ということは言えるかもしれない。

ならば、「宗教仮説」はどうだろうか。これも、確かに多くの日本人が、お葬式にはお寺、初詣には神社というように神社仏閣を利用しているし、加護観念が高い人は多いだろう。また、伝統的な宗教とは違うスピリチュアルなものやパワースポットを信じている人も一定数いる。しかし、日本人の多くが他国の人と比べて宗教心があるかと言われれば、そうではない。最新の第7回「世界価値観調査」に「科学と宗教の考えが対立した時に、宗教が常に正しいと思いますか」という質問がある。宗教心が強ければ「はい」と答える傾向にあるとすると、アメリカ人でこの質問に「はい」と答えた人は33・6％もいたのに対して（アメリカのこの割合は先進国では異常に高い）、日本人はたったの2・8％だった。

最後に、「共感仮説」はどうだろうか。先ほど、もしかしたら日本人は他国の人と比べて人を思いやる能力が著しく欠けているのかもしれない、という疑問を投げかけた。大規模な国際比較調査はそもそも比較の難しさからいろいろな制約がつきものだが、共感力を国際比較したものに、ミシガン州立大学のウイリアム・チョッピックらの研究チームによる63ヵ国、10万人以上が参加した調査がある(Chopik, O'Brien, and Konrath 2017)。「恵まれない人々に心配な気持ちを抱くかどうか」、「友達を理解するために彼らの視点から物事を考えることがあるかどうか」などの項目に対する回答をまとめたものので、この調査によると、共感力が最も高いのはエクアドルだった。アメリカが7位で、日本は26位で中位に位置している。お隣の韓国は6位で、中国は34位。リトアニアなどが最も低かった。確かに上位ではないが、この調査結果を見るかぎり、日本人の多くがとりわけ共感力がないとも言えなそうである。

O型の日本人による人助け

少し話は変わるが、日本人は血液型占いが大好きなことで有名だ。今はもうなくなってしまったが、以前は朝のニュース番組でもその日の血液型別運勢占いのコーナーなどがあり、私も一時期、血液型で日本人の投票行動などの政治的な行為が間接的に説明できないか、真剣に考えたことがあった。私は悪名高いB型なので、「私はB型です」と言うと、いつも軽蔑のまなざしで見られていた。しかし、このような血液型信仰は日本や韓国などで見られる特殊なもので、欧米では自分の血液型を知らない人も多い。

この血液型と日本人の向社会性の関係性について面白い研究がある。経済学者の佐々木周作らの研究グループは、2017年に献血行動と血液型の関係を調べた（佐々木・船崎・黒川・大竹 二〇一七）。大阪大学がその年に実施した調査では、1311人のうち、過去一年以内に献血した人は5・5%、数年以内に献血した人は11・7%だった。血液型別に見ると、過去一年以内に献血した人でいちばん多かったのはO型で、7・5%。この結果は年齢、性別、収入、学歴、健康状態などを考慮した分析でも同じで、「O型の人が他の血液型の人よりも献血する」傾向が高いことが分かったのである。

先述のように、献血は自分の体の一部を無償で提供するという典型的な向社会的な行動であり、この結果だけを見ると、O型の日本人は他の血液型の人に比べて利他的である、という結論になる。だとすれば、日本人は世界的に見て他人を助けないというのも、この「血液型仮説」からすれば、日本人にはたまたまO型の人が少ないだけかもしれない。確かに、日本赤十字社によれば、日本人で最も多い血液型はA型で、O型はそれよりは少ない。O型の人が多い国には、例えば第1章で比較したアメリカや中南米の国などがある。余談になるが、アフリカで誕生したばかりの頃のホモ・サピエンスはすべてO型で、食生活の変化などによって血液型が多様化したようである。この仮説が正しければ、現代のヒトはわれわれの祖先に比べて総じて利己的になっている、ということになるだろう。

しかし、佐々木らの研究チームによって、「血液型仮説」はあえなく否定された。彼らによれば、他の利他的な行動、例えば寄付、骨髄バンクへの登録、脳死や心停止の場合の臓器提供への同意などと血液型とのあいだに統計的な関係性は見られなかったという。では、なぜO型の人は他の血液型の人よりも献血しやすいのだろうか？　佐々木らの仮説は、こうである――O型の血液はO型以外の人にも輸血可能であり、他の血液型と比較して輸血対象が広範囲である。汎用性があるので、献血したO型の血液が輸血に使用される可能性は他の血液型より高い可能性がある。つまり、O型の人がとりわけ利他的というわけではなく、このO型血液の特性があるために、いわばO型の人は「献血したことの達成感が高く」、そのため他の血液型の人よりも献血を行う傾向にあったのである。

人助けをしたという実感の重要性

佐々木らの研究グループによるこの解釈が正しければ、献血、寄付、ボランティア活動など、利他的な行動を促すには、「その行動が社会に役立っている」、「効果がある」と人々が認識することが重要なのかもしれない。逆に言えば、多くの日本人が他人を助けない現状は、何らかの影響で、多くの人が他人を助けてもあまり役に立たないと感じている、ということになる。

この献血という向社会的な行動についての研究に、イギリスの社会学者リチャード・ティトマスによる興味深い考察がある（Titmuss 1970）。イギリスとアメリカの献血制度を比べたところ、イギリスでは輸血用の血液はすべて「無報酬」の自発的な献血者で賄《まかな》われていた。それに対して、アメリカでは「血液バンク」という制度が存在し、貧しい人などから「買い取った」血液が輸血用の血液の一部で使われていた。ところが、市場メカニズムを導入したアメリカ式の献血制度よりも、イギリス式の献血制度のほうが結果としてうまくいっていた。アメリカでは、市場が意図したような効率的な輸血体制とは逆に、慢性的な血液不足、無駄な廃棄、高コスト、汚染された血液の存在などの問題が顕在化してしまっていたのである——なぜだろうか？

ティトマスによれば、血液を商品化してしまうことが、逆に「他人のために役に立ちたい」という人々の道徳的責任を低下させてしまう、あるいは「お金のためにやっているわけじゃない」と、献血をしたい人の利他的な意欲を奪ってしまっていたのだという。つまるところ、献血に対する金銭的な補償は、献血をしたい人の本質的な、利他的な動機を損なってしまい、ひいては輸血用の血液の不足という社会的な負の帰結を招いてしまったことになる。

佐々木らの研究とティトマスの研究は、社会には潜在的に人の役に立ちたいと思っている人はいるが、その人たちの人助けを促すためには、お金やモノの見返りが重要なのではなく、他人を助けることが実際に人のためになっているという「人助けの実感を高める」ことが重要だ、ということを示唆しているのである。

利己的なふるさと納税？

「人助けの実感を高める」ことが日本でも重要である可能性を示す例がある。近年注目を集めている「ふるさと納税」と「クラウドファンディング」である。ふるさと納税は、過疎化などによって税収の減少に苦しむ地方の自治体に対して格差是正を目指すことを社会的な背景として設立された。「納税」と呼ばれるが、実際は「寄付」であり、好みの自治体に寄付をして、その寄付額を現在居住する地方自治体に確定申告すると、その寄付額のうち2000円を超える部分について、所得税と住民税から原則として全額が控除される。総務省によれば、設立された当初の2008年度の寄付額は81・4億円だったが、2019年度には4875億円に達している。

しかし、都会に住んでいながら自分を育《はぐく》んでくれた「ふるさと」に貢献したい、というのは名ばかりで、ふるさと納税を通じて寄付する先は故郷である必要はなく、どの自治体にでも寄付することができる。自治体の中でも、和牛の肉などの高額な返礼品を用意している自治体に寄付をする人が多いと言われる。つまり、ふるさと納税を行う日本人の多くは、積極的に見返りを求めて寄付している可能性が高い。また、そうした利己的な動機の存在によって、実際に財源が必要な自治体への寄付が行われず、返礼品が人気な自治体とそうでない自治体で収入の格差が生まれる、という社会的に負の影響も出ている。金銭的、物質的な見返りの存在が逆に社会問題を引き起こすという、先のティトマスの研究結果と似たようなことが起こっていると言える。

はたして、返礼品がないふるさと納税で、日本人は寄付をするだろうか。返礼品が存在する制度と存在しない制度を比較することは難しく、この思考実験についてはっきりとした答えはない。ただ、2019年に法改正がされて返礼品に対する規制が強まったことを反映してか、2018年度の寄付額5127億円から、2019年度の寄付額はわずかばかり減少していた。

そもそも、ふるさと納税には、潜在的に寄付をしたい日本人の利他性をくすぐるような「人助けの実感を高める」仕組みが欠けている。人助けの実感が得られる仕組みを導入せずに返礼品をなくしてしまったら、利他的な寄付を集めるのは簡単ではなくなるかもしれない。しかも、物質的な見返りを組み込んでスタートした制度では、どんなにマイナーチェンジをしても、人々は結局、その制度から見返りを期待してしまうだろう。

利他的なクラウドファンディング？

では、クラウドファンディングはどうだろうか。クラウドファンディングとは、特定のプロジェクトやビジネスの資金調達のために、インターネットを通じて不特定多数の人から出資を募るものだ。近年では、大企業や地方自治体もクラウドファンディングを利用しており、企業がリスクのある商品開発への投資をクラウドファンディングで募るという新しい研究開発の形も見られつつある。

ただし、そのような利己的なイメージと違って、クラウドファンディングには利他的な側面もきちんとある。クラウドファンディングの大手READYFOR（レディーフォー）によれば、クラウドファンディングは「インターネットを介して自分の夢や想いを世の中へ発信し、その活動を応援したいと思ってくれた不特定多数の人々から少額ずつ資金を募る仕組み」だとされる。また、朝日新聞社のクラウドファンディングサイトであるA-portでは「日本では2011年の東日本大震災が契機となり」クラウドファンディングが盛んになったとの記載があり、クラウドファンディングが共感力の強い日本人の寄付の受け皿になっていることを示唆している。若者を中心として、現実での付き合いがまったくない人ともソーシャル・メディアでつながり、交流することが増えていることを考えると、もしかするとインターネット上でのクラウドファンディングが日本人の新たな人助けの形なのかもしれない。

クラウドファンディングは、大きく分けて、「寄付型」、「購入型」、「金融型」（融資型、株式型、投資型）に分類される。購入型と金融型では何らかの見返りが用意されているのに対して、寄付型は成果の報告（および、課税されないこと）などのほかに、これといった見返りがないのが特徴だ。寄付型は、災害支援や社会的弱者支援など社会貢献型のプロジェクトに対する支援者をインターネット上で公募し、寄付を集めるので、典型的な向社会的な行為だと考えられる。例えば、島根大学医学部附属病院の周産期母子医療センターがクラウドファンディングを使ってリニューアル資金として１２００万円の寄付を集めているし、コロナ関連でも「新型コロナウイルス感染症 拡大防止活動基金 有志の会」が８億円以上の寄付を集めている。

クラウドファンディングについての日本での研究はまだ少ないが、ふるさと納税とロジックは同じで、見返り（返礼品）がない「寄付型」はクラウドファンディングの三類型の中で最も調達額が少ないと推測される。２０２０年に消費者庁に委託を受けた三菱ＵＦＪリサーチ＆コンサルティングが行った調査によれば、２０１９年にクラウドファンディングで集まった調達額の総額は、約１３２６億円だった。三類型で最も調達額が多いのは「金融型」で、２０１９年の市場規模は全体の86・８％、「寄付型」と「購入型」は併せて12・７％のみだった（寄付型のみのデータは不明）。なお、全世界のクラウドファンディングの調達額の内訳は「購入型」と「寄付型」があわせて16％で、日本より非金融型の割合が大きくなっている。

どういった人が支援をするのかについて、同社が20代以上を対象に行ったアンケートでは、クラウドファンディングを知っていると答えた人は全体の半数近くにあたる42％で、若い年代ほど認知度が高かった。クラウドファンディングを使ったことがあるかどうかについては、全体の５・４％が購入型、５・１％が寄付型、１・６％が金融型のクラウドファンディングの経験を有するが、60代以上を除くすべての年代で、購入型の経験者のほうが寄付型の経験者より多かった。逆に言えば、60代以上の人は寄付型のクラウドファンディングをする傾向が強い、ということになるだろう。

なぜクラウドファンディングを使って寄付するのか

このように、クラウドファンディングを使って寄付をしている人は、日本全体で見るとまだ多くないようである。では、利用者はなぜクラウドファンディングを使うのだろうか？

ここで面白いのは、購入型・寄付型のクラウドファンディングで支援を行った理由のうち（寄付型のみのデータは不明）、どの世代でも「実行者の夢や想いに共感した」が最も多く、経験者の多くが利他的な動機をもっている可能性を示している。特に60代以上の人は「応援したい人・店・地域等を直接支援できる」だけでなく、「社会に貢献できる」から、と答える人が多かった。また、クラウドファンディングをするにあたって不安を感じた内容としては「リターンの提供が遅延しないか」よりも「プロジェクトが実現するか」、「目標金額が集まらずプロジェクトが成立しないのではないか」と答えた人が多く、他人の夢を実現するための人助けが可能かどうかがクラウドファンディングの重要な動機になっていることが窺える。

もちろん、調査の時にだけ「いい格好をしたい」、「他人によく思われたい」という心理が働いて、このように答えている人が多いとも考えられる。ただ、「日本には確かに共感力が強く、人助けをしたいと思っている人がいる」という点は序章で見た２０２０年の「社会意識に関する世論調査」とも整合的で、同調査では63・4％もの日本人が日頃、社会の一員として何か社会のために役立ちたいと思っている、と回答している。これが多くの日本人の本音なら、納得のいく形で人助けができる機会や環境が整えば、日本人はもっと人助けをする可能性があるかもしれない。この点で、ふるさと納税とは違って、「どれだけの人が寄付しているかがリアルタイムで可視化されている」、「困っている人の情報がインターネットで比較的簡単に得られる」といったメリットがあるクラウドファンディングが、近年そうした人助けをしたい日本人の受け皿になっている、そしてこれからますますそうなっていく可能性はあるだろう。

また、先のクラウドファンディングについてのアンケート結果によれば、多くの人にとって「人（夢）助けが実現するか」ということがクラウドファンディングをするにあたって最も重要な関心事だった。そして、寄付型のクラウドファンディングでは、金銭的なリターンはないが、寄付をした「見返り」として寄付を受けた人からのお礼のメッセージや写真などが送られてくることがある。このように、クラウドファンディングでは、インターネットを通じて、寄付をする人が、自分の寄付がどのように使われ、どのような結果につながったのかが簡単に分かるような仕組みになっている。情報のリアルタイムな提供を通じて「人助けをしたという実感」を生み出し、さらなる向社会性を促す。この点で、クラウドファンディングは（少なくとも、ふるさと納税よりは）「人助けの実感を高める」仕組みをもっていると言える。そして、日本人が他の日本人を信頼していないのなら、こうした情報の透明化は寄付の使途を明確にし、寄付する人とされる人のあいだに不信感が生じる可能性を軽減する効果もあるかもしれない。

「人」助けから「社会」助けへ

本章では、どういった日本人が、どういった場合に他の日本人を助けるのかを概観してきた。この問いに対する答えはこれだ、というものはまだない。ただ、一つ言えるのは、日本には潜在的に人を助けたいと思っている人が少なからずいて、その人たちがなぜその利他的な気持ちを実行に移さないのか、という少し違った角度からこの問題を考えるべきだ、ということである。

次章では、この問いを念頭に置いて、助ける対象を「個人」から「社会」に移してみたい。日本人は社会に参加、貢献する傾向にあるのだろうか、ないのだろうか？　この問題を考えることで、「他の個人」ではなく、日本人の「社会」一般についての見方を概観してみよう。実は、この「社会参加」という概念は、第1章で見た「信頼」という概念と密接に関係しており、さらに個人への人助けにも関わってくることが分かる。「社会参加」について考えることで、なぜ（共感力の高い）日本人は人助けという行為を敬遠しがちなのか、という問いの答えも見えてくるかもしれない。

第3章

日本人の社会参加

社会参加に積極的な日本人像

日本人は社会参加に積極的だと言われることが多い。他国と比べても町内会などの自治会への参加率は高いし、PTA参加率も非常に高い。こうした社会参加率の高さは、第1章で見た「蜃気楼・ルール仮説」から考えると、「ルールによる罰を恐れるがあまり」ということになるのかもしれない。しかし、日本にはもちろん、その地域をよりよくしたいと願って自発的に社会参加をしている人もいる。地域の厚生を上げるためにボランティア活動に積極的な人を見たことがある、知っている、という人も多いのではないだろうか。

この日本人の社会参加について、PTAを例にして考えてみたい。

PTAは、英語のParent（親）、Teacher（教師）、Association（組織）の頭文字をとったもので、保護者と教師で自主的に組織され、両者が対等の立場で、子どもの健《すこ》やかな成長を図ることを目的として活動する団体、ということが趣旨としてある。ただし、任意加入が原則というのは名ばかりで、運動会などの学校行事の手伝い、保護者会の運営、登下校中の通学路のパトロールなど、日本のPTA活動はかなり多忙であるにもかかわらず、ほぼ百パーセントに近い加入率の学校もあるという。

また、PTAの負担が大きいため、参加者の多くが非就業の女性だとされる。共働き家庭の女性やシングルマザーは仕事と社会的プレッシャーの板挟みになり、PTAが男女不平等に加担している可能性もある。このように、PTAへの参加が半強制的なものになっていると考えるなら、「蜃気楼・ルール仮説」が示唆するように、やはり懲罰などの社会制度のせいで、日本人は社会貢献、地域コミュニティーの活性化にも積極的であるように見えるだけ、ということになる。

しかし、ヴァージニア大学の政治学者レオナード・ショッパによると、こうした半ば強制されているＰＴＡについても違った見方をすることができるという（Schoppa 2012）。全国レベルの組織に参加する傾向が強いアメリカ人に比べて、日本人はＰＴＡなど、全国レベルではなく、ローカルな社会参加を好む傾向にある。そして、これは決して強制的な参加ではなく、日本人の多くが自発的に地域コミュニティーをよくしようと思っての行動である、とショッパは言うのである。

私の学生の一人に、広島でホームステイをしたことがあるオランダ人の学生がいる。彼にこのショッパの仮説を話したところ、彼のホストファミリーも積極的に地域の活動に参加して地域コミュニティーをよくしようと努めていた、だから日本は地域貢献活動が活発で向社会的な人が多い国だと思っていた、ということだった。

なぜ日本では徒歩通学が当たり前なのか

なぜショッパは多くの日本人が自発的にＰＴＡなどのローカルな社会参加をする傾向にあると考えたのだろうか？　ショッパは、この問題について、スクールバスでの通学が多いアメリカの学童に比べ、日本の学童はなぜ徒歩で通学することが多いのかを考えることが一つの手がかりになると言う。

２００９年の統計によると、日本では98％の小学生が徒歩通学（公共交通機関を使った通学も含む）をしており、アメリカの12％の８倍以上になる。子どもの誘拐事件や交通事故が起きた時の反応も、アメリカでは徒歩通学の危険性が議論されるのに対して、日本ではそうした議論が起こることはなく、地域住民がどのようにして通学路の安全を確保するのかが議論の中心になるようだ。実際、日本で徒歩通学をやめたらどうかという議論が起こることは稀で、多くの住民が通学時間帯のパトロールをより積極的に行うといった対応策が立てられることが多い。ショッパは、これを日本で地域住民が「積極的な」社会参加をしている一つの好例だと考える。

だが、なぜ日米でこのように対応が違うのだろうか。徒歩通学に関して言えば、そもそも日本とアメリカでは文化や考え方が違うからだ、という意見があるだろう。しかし、ショッパによれば、先述したように2009年ではその数は12％だったが、実はアメリカでも1969年の時点では約5割の学童が徒歩通学を行っていた。この「日米異文化仮説」が正しいとしたら、アメリカでは昔も徒歩通学が行われていなかったのでなければおかしいことになる（ちなみに、日米の自動車の普及率変遷の違いでも説明できないという）。

国土が日本の約25倍あるアメリカでは、徒歩通学がそもそも難しいのではないか、という意見もあるだろう。しかし、ニューヨークやサンフランシスコなどの大都市になると日本の地方都市よりも人口密度が高く、家と学校の距離も近い。にもかかわらず、そのような大都市でもアメリカの学童は（学校が提供する）バス通学などの手段を使うことが多いのである。

犯罪率はどうだろうか。日本は犯罪率が世界的に見ても低く、そのため子どもを徒歩通学させても安全だという認識が強い可能性がある。ショッパによれば、この説明も満足できるものではないという。確かに、2006年の殺人事件発生率で見ると、アメリカは10万人あたり5・7人で、日本の1・03人の5倍以上だ。しかし、アメリカには犯罪率が日本とあまり変わらない、もしくはそれ以下の州や地方自治体が存在している。にもかかわらず、そうした安全な地域でも、徒歩通学率は一貫して低く、逆に日本では犯罪の多発する地域でも徒歩通学率は百パーセントに近い。

地域に定住する日本人？

突飛な考えのように聞こえるが、ショッパによれば、引っ越しのコストがこの日米の違いに関係しているという。海外に比べて日本では引っ越しをするコストが高く、そのため多くの日本人は一度住み始めた町に定住する傾向にある。例えば、日本ではアパートなどを借りる時に礼金を家主に払うという、海外には見られない慣習が存在する。また、日本は海外に比べて新築信仰が強い。これは耐用年数が建物部分の売値を計算する時に考慮されており、中古物件は極端に安く売られてしまうことと無関係ではない。そのため、日本では海外のように築50年以上の中古の建物が高く売れることは稀だ。中古物件が高く売れないということは、家主がその家に長く住むインセンティブが高くなる。このように、海外に比べて、賃貸、持ち家ともに日本では一度住んだ場所から引っ越しをするコストが非常に高くなっている。

引っ越しをするコストが高いということは、みずからの居住地域で、例えば犯罪率の上昇など、何か問題があった場合でも、引っ越しをして問題から逃げる、という選択肢が容易ではないことを意味する。引っ越しできないのであれば、残った選択肢は大きく分けて、問題を仕方ないと諦めてやり過ごすか、積極的に解決していくか、の二つしかない。もちろん、何か自分の町に好ましくないことが起こった場合に、我慢してやり過ごす人も多いだろうが、積極的に地域コミュニティーに参加して町をよくしようと考える人もいるだろう。ショッパは、これが地域の住民が安全な通学路の確保に努めていることに関係していると考え、ひいては何らかの事件が起こっても日本では徒歩通学がなくならない要因だという。つまり、日本でそうした事件が起こっても、逃げ出さずに子どもが徒歩通学を無事に行えるように努力する人が多いのは、その問題（そして、その町）から逃げ出せないから、ということになる。

この考えに従うと、日本人は昔から一つの町に定住する傾向にあり、「蜃気楼・ルール仮説」とは異なって、罰を恐れているわけではなく、（無意識的には）「自発的に」地域コミュニティーをよりよくするインセンティブをもっていたことになる。ショッパは助け合いには触れていないが、町をよりよくしたいという思いからボランティア活動を積極的に行ったりするなど、直接的または間接的に「個人」に対する人助けをするインセンティブが高まる、ということは考えられるだろう。

社会参加、信頼、そしてソーシャル・キャピタル

実は、この「社会参加」という概念は、第1章で見た「信頼」と合わせて、「他人を助ける」ということに密接に関連していると考えられる。その社会参加と信頼（そして人助け）をつなげる概念が

「ソーシャル・キャピタル（社会関係資本）」である。

例えば、先述のパットナムによれば、ソーシャル・キャピタルとは個人と個人のつながり、およびそこから生じる互酬性の規範と信頼であり、ソーシャル・キャピタルが低い社会は、人と人との絆や信頼が小さく、社会参加も稀少で向社会的な行為も見られにくい（Putnam 2000）。逆にソーシャル・キャピタルが高い社会では、一般的に多くの人がネットワークでつながり、社会参加も活発で、お互いに信頼し、助け合っている、ということになる。

先ほど、人助けは基本的に「個人」に向けられていて、「社会参加」は社会を対象とするものだと書いたが、ソーシャル・キャピタルの観点から考えると、こうした区別はなかなか難しいことになる。出発点は人によって違えど、ソーシャル・キャピタルが高い地域では、人とのつながり、他者への信頼、社会参加、そして人助けが好循環で相互に関係しているからだ。逆に、ソーシャル・キャピタルが低い社会では、悪循環が生まれやすい。そう考えると、他人を助けない日本はソーシャル・キャピタルが低い社会なのかもしれない。ソーシャル・キャピタルが低いということは、（自発的な）社会参加も活発ではなく、他人も助けない。

だが、本当に日本はソーシャル・キャピタルの低い国なのだろうか。ソーシャル・キャピタルの重要な下位概念は「信頼」と「社会参加」（あるいは「ソーシャル・ネットワーク」）なので、ここではこの二つの指標を考えてみたい。日本人は、他の国の人と比べて人を信頼するのだろうか。また、日本人は、他の国の人と比べて社会参加をする傾向にあるのだろうか。

まず、「信頼」に関しては、最新の第7回「世界価値観調査」によると「社会の多くの人は信頼できる」と答えた日本人は33・7％だった。アメリカも比較的低く37％だが、他の先進国では、より多くの人が「信頼できる」と答えている。例えば、オランダ（58・5％）やドイツ（41・6％）などは比較的高い。確かに、同調査では、フランス（26・3％）やお隣の韓国（32・9％）のほうが信頼度は低いが、後述するように、日本ではこの数値が年々低くなっていて、「日本が先進国の中で最も他の人を信頼していない」と言えるレベルまで来ているかもしれない。なお、他人の中でも「他国の人を信頼できる」と答えた日本人は0・2％で、オランダ（15・4％）やアメリカ（8・1％）など他の先進国と比べて著しく低かった。日本人は、他の日本人をあまり信頼していないし、他国の人はもっと信頼していないのである。

では、「社会参加」はどうだろうか。ショッパは、日本人は「自発的に」ローカルな社会参加をする傾向にある、と考えていた。「世界価値観調査」には、ローカルとナショナルの区別はないが、社会参加に関する指標もある。表1は各団体に積極的に参加している人を日本、アメリカ、ドイツで比べたものだが（第7回「世界価値観調査」による）、一様に日本人は何らかの組織に参加している人が少ないことが分かる。確かに、日本ではこのデータに含まれていない組織、例えば地縁組織などへの参加率は高い可能性があるが、その地縁組織への参加も先述のように減少傾向にある。

タマゴが先か、ニワトリが先かの議論と一緒で、信頼と社会参加のどちらが先に生じるのか（信頼が社会参加を生むのか、それとも社会参加が信頼を生むのか、あるいは第三の容疑者が信頼と社会参加の両方を生じさせているのか）という因果関係を解き明かすのは難しい。だが、何らかの影響で、他国と比べて日本人は信頼と社会参加率が全体的に低くなっていることが分かる。また、信頼と社会参加に関係して、ソーシャル・キャピタルを直接測った指標を見ても、日本は値が低い。イギリスのレガタム研究所（Legatum Insitute）が発表している「レガタム繁栄指数（Legatum Prosperity Index）」の項目に「ソーシャル・キャピタル度」があるが（ギャロップの世論調査などから指標を作成している）、2020年の数字を見ると、日本は167ヵ国中、総合指数では19位なのに、ソーシャル・キャピタル度の項目では140位に沈んでいる。

他国とは何から何まで違うのだから比較はできない、という批判もあるだろう（指標の違いなどから国際比較はそもそも難

	日　本	アメリカ	ドイツ
慈善団体	1.2%	17.9%	7.8%
教会、宗教団体	3.5%	32.3%	26.8%
消費者団体	0.1%	5.0%	1.7%
環境保護団体	0.4%	5.2%	7.1%
労働組合	2.3%	7.1%	8.0%
政　党	1.4%	18.6%	3.3%
同業者団体、職業団体	2.7%	15.6%	5.8%
自助グループ、相互援助グループ	2.1%	6.3%	2.2%
スポーツ・レクリエーション団体	10.3%	11.7%	11.8%
女性団体	1.0%	5.8%	2.0%
その他	7.6%	12.7%	2.4%

表1　社会参加の国際比較（著者作成）

しいという側面もある）。それももっともな話なので、比較の対象として考えた場合、過去の日本と現在の日本を比較するのも一つの手かもしれない。ところが、過去の日本と比較して見えてくるのも同じ悲観的な日本社会像であり、日本における信頼と社会参加の程度は減少傾向にある。例えば、信頼度で言うと、「世界価値観調査」で「社会の多くの人は信頼できる」と答えた人は１９９５年から減少の一途をたどっている（39・8％→39・6％→36・6％→35・9％→33・7％）。社会参加についても、地縁組織やＰＴＡへの参加率が減少傾向にあることは、すでに言及した。ソーシャル・キャピタルをめぐって見たように、信頼や社会参加が人助けを促す可能性が本当にあるのなら、日本ではそうした土壌がますますなくなってきていることになる。

政治への不信と社会参加

政治学者の坂本治也も、日本におけるソーシャル・キャピタルの低下、特に人々の間のつながりや社会参加の減少を指摘している（坂本 二〇二〇）。そして、社会参加率の低さを生んでいる要因として、日本人の政治不信を挙げている。坂本らの研究グループが２０１８年に行った調査によると、例えば「自治会活動に関わりたくない」という社会参加の変数と「自分の人生の責任は自分でとるべき」という自己責任の変数は、正の相関を示していた。つまり、自分の人生の責任は自分でとるべきだと考える人は――当然のことかもしれないが――社会参加しにくい傾向にあった。

もちろん、人によって、自己責任についての考え方は違う。しかし、その個人差を考慮しても、政治意識＝政治の出来事全般への関心が低い人ほど、社会への参加を忌避する傾向にあったという。また、同様に、公的機関への信頼度が低い人ほど、ＮＰＯ（非営利組織）や市民活動に関わりたくない、と答える傾向にあった。調査には寄付、ボランティアなどの人助けに関係のある項目もあり、調査結果を本書に関係している点についてまとめると、日本人の政治への関心の薄さ、またはその根底にある政治不信が、自治会やＮＰＯへの参加といった社会参加だけでなく、寄付やボランティアなどの向社会的な行為をも減少させている可能性がある。

前章でも見たが、２０２０年の「社会意識に関する世論調査」では、63・４％もの日本人が、社会の一員として何か社会のために役立ちたいと思っている、と答えていた。これが事実だとすれば、もっと多くの日本人が市民活動、ボランティア活動、寄付をしていてもよいはずである。にもかかわらず現実にそうなっていない（多くの日本人が気持ちを行動に移さない）一つの理由は、坂本の仮説から推測するに、日本人の政治不信だということになる。坂本の調査によれば、政治への関心が高い人ほど自治会活動への忌避感は弱まる、という結果も出ている。

この結果が正しいなら、政治に好感をもっている人は自治会活動などに参加する傾向にあり、そうした社会参加を積極的にするとソーシャル・キャピタルが高まり、ひいては他人を助けるという行動が促される、と考えることができる。最新の第7回「世界価値観調査」によると、「政府を信頼している」と答えた日本人の割合はアメリカなどよりも高くなっているという点には留意する必要があるが、政治への不信という第三の容疑者が日本人の社会参加意欲を失わせ、ひいては信頼の低下、向社会的な行為の減少につながっているのかもしれない。

直接的に政治意識を問うものではないが、「社会意識に関する世論調査」には「他の人と比べて、「国を愛する」という気持ちは強い方だと思いますか」という質問がある。２０２０年には「強い」と答えた人は51・９％だったが、一〇年前の２０１０年の調査での54・６％からはやや減少している。また、「今後、国民の間に「国を愛する」という気持ちをもっと育てる必要があると思いますか」という質問もあるが、これに対する回答は２０１０年の78・５％から69・４％へと大きく減少している。この二つの質問が何を意味するのかについては議論の余地があるが、政治への不信の高まりだけでなく、こうした国や公共への意識が多くの日本人で下がっていることが、日本人の社会参加、ひいては人助けも含めた自分と他人の関係に影響を及ぼしている可能性がある。

もっと言えば、多くの日本人は社会なるもの、あるいは公共への意識が低下しており、そのせいで社会とのつながりが保てなくなり、社会参加への意欲も失われている、あるいは、その逆で、政治不信などの影響で、社会とのつながりや社会参加の意欲が失われており、そのせいで公共への意識も低下している可能性がある。いずれにせよ「社会」との関係が稀薄になっている日本人は、その社会の構成員である他の日本人との関係性も薄れている可能性が高い。他者とのつながりがなくなれば、その他者への親近感も薄れ、助けたいとも思わなくなるだろう。

信頼も、この日本人の他者との関係に影響を及ぼすことは想像に難くない。日本人は、自分の家族や親しい友人は信頼できるが、既存の社会制度の消滅などによって、公共のスペースで交流する見ず知らずの日本人を信頼することはできなくなった。「他の個人」を信頼できないのなら、信頼しない個人で構成されている社会に貢献したいという意欲も高まらない。この信頼の欠如に起因する社会参加の減少は、他の日本人との交流の機会を奪い、ひいては社会とのつながりをさらに低下させてしまう、という悪循環を生むだろう。

公助への合意形成

因果関係はさておき、今の日本では、個人が「他の個人」と「社会」から断絶される傾向が高まっている。そして、「他の個人」と「社会」から切り離された日本人は、日本人としての連帯感を高めることができない。日本の現状をこのように考えると、自分と社会の関係、あるいは自分と他の日本人の関係に基づいて行う「公助」についての合意形成が日本では他の国以上に難しくなっている可能性がある。日本では「他助」が難しくなっていて、同じように「公助」も難しくなっているとしたら、日本は本当に「自助」だけの国になってしまうかもしれない。次章では、こうした問題関心から日本人の「公助」に対する考え方について考えることにしよう。

公助に関連して、「プロローグ」で触れたユヴァル・ノア・ハラリは、こんなことを言っていた。

ヒトがより屈強だったネアンデルタール人を絶滅させることができたのは、一人一人は弱いかもしれないが、ヒトにはそれを補うために集団で協力できる能力があったからである。とりわけ、他の人類と違って、ヒトは見たことも、触れたことも、匂いを嗅いだこともないものについてのフィクションを作り、信じることができた。神話、共通のアイデンティティ、イデオロギーなどのフィクションを作り出すことができたのであり、このようなフィクションは集団の行動を形成するために非常に有効で、遺伝的進化よりもはるかに早いプロセスで行われるため、環境に適応することもより可能になる。(Harari 2018, ch.2（要旨))

公助に対する合意形成のプロセスには、「日本という国の中で見ず知らずの人と運命共同体を形成している」といったフィクションが少なからず存在している。人によっては「公助を通じて他人を助けるし、自分も他人に助けてもらう」というのもフィクションのように聞こえるかもしれない。いずれにせよ、はたして、社会との関わりを失っている今の日本人に、他人との協力に基づいた公助のフィクションを作りたい、あるいはそれに乗っかりたい、という気持ちがあるだろうか。日本で政治不信が強いのだとすれば、今の日本の政治家に公助への合意形成のためのフィクションを作る力、求心力があるとも思えない。

では、今の日本で、どのように公助への合意形成を行えばよいのか――これが、次章以降の課題となる。

第4章

利己主義の社会的帰結

利己主義と政府サービス

利己的な社会――社会参加もなく、お互いを信頼しない社会の何が悪いのだろうか？　何らかの理由で日本人の多くが社会とのつながりをもたなくなっており、利己的に自分のことは自分でするべきだと考えているとしても、国民の多くがそのような社会でいいと思っているのなら、それでよいのではないか、と思うかもしれない。だが、そのような社会はさまざまな負の帰結を生む危険を孕んでいる。

まず一般的に言って、社会の多くの人が利己的に行動した結果、先述した社会的ジレンマの状態が生まれ、みんなが利益を享受できるはずの公共財の提供が滞《とどこお》ることが考えられる。公共財とは、社会の多くの人が不自由なく同時に利用できるもので、公園、灯台、堤防、道路、警察、国防などがそれにあたる。社会的ジレンマの状態に陥る例として、地域住民の誰もが利用できる公園を取り上げよう。その公園を利用すると健康の増進など多くのメリットがあるが、Nintendo Switch の大ヒットゲーム『あつまれ　どうぶつの森』と一緒で、誰も掃除しないなど、管理を怠るとゴミや雑草が増えて、楽しく寛《くつろ》いだりスポーツをしたりといった公園本来の機能を果たせなくなる。

他の人が掃除してくれるだろう、あるいは他の人も掃除しないのだから自分もしなくてよい、とみんなが考えてしまうと、その公園は結果的に荒廃し、誰も利用できなくなってしまう、という悲惨な状態に陥る。これが社会的ジレンマの状態である。もちろん、現在の日本では公園をはじめ多くの公共財が政府や自治体によって提供され、公共財の維持管理も政府や自治体の主導で行われることが多い。地域の公園がキレイに保たれているのも、政府や自治体が市民の税金を使って維持管理をしているからである。これは、言い換えれば、地域の福利厚生を公助に頼っているために、利己主義的な行為から生じる悲惨な帰結を見ずに済んでいる、ということでもある。

「自分さえよければいい」という考えは、その公助の量と質を低下させてしまう可能性がある。例えば、政府の提供する社会保障などのセーフティーネットを考えてみると、多くの先進国でお金をもっている人ほど、社会保障支出への支持が低い傾向にある。裕福であれば、みずからが生活保護などの対象になる可能性は小さく、利己主義の観点から考えれば社会保障は必要ない、と考えるのは当然のことかもしれない。また、高所得者であるということは、税金を通じて公共サービスの財源を相対的により多く負担しているということでもあり、自分の税金を使ってまで他人を助けたくないという理由で、税率を下げたり、社会保障支出を抑えてもらうよう政治家に要求したりするインセンティブも高くなる可能性がある。

裕福な人の中には他人の社会保障のために税金を払うことを厭《いと》わない人もいるが、その理由にしても、利他的というよりは、貧しい人に生活保護を与えなければ犯罪率が上がり、自分も犯罪に巻き込まれてしまうかもしれないと考える、これまた利己的な理由が存在していることも指摘されている。話が少し逸《そ》れたが、結局、社会の多くの人が利己的に行動すると、長期的には政府の財源が減り、公共財を含めた政府サービスの量と質が低下してしまう可能性が高くなるのである。

集団主義と政府サービス

一般的に考えて、低所得者のほうが生活保護も含めて政府サービスを利用する可能性が高いので、(税負担が少なければ)低所得者のほうが公助への支持が高いだろう。このように考えると、低所得者が多い社会ほど、論理的に言えば政府サービスへの支持が高くなると考えられる。しかし、例えば社会保障支出を例にとってみても、現実には、低所得者が多い社会ほど社会保障支出が高いわけではなく、他のさまざまな要因が政府サービスの量と質に影響を与えている。

その要因の一つが、人々の集団への帰属意識とそこから来る集団バイアスの存在である。人は自分に似かよった人に助けの手を差し伸べる傾向がある。この「似かよった」がどのように、また、いつ人の頭の中で形成されるのかについては、いまだに定説はない。

例えば、アメリカでは、白人の子どもは街中で見た黒人の子どもを自分と似ていないと認識するかもしれない。ただ、これも程度問題で、その黒人の子どもが、例えば言語、話し方、暮らしぶりなどの点では非常に似ていたとしたら、はたして白人の子どもは自分とまったく違う境遇にある白人の子どもと比べて、どちらを「自分と似ている」と感じるだろうか。そもそも人種を物差しに使うということにも、現在のアメリカ社会のあり方、家庭での会話、教育などが影響していることは否定できない。そういった影響がいっさいなかった場合、もしかすると赤ちゃんや子どもは白人・黒人といった物差しすらもたないかもしれない。確かに、いくつかの研究で赤ちゃんは生後6ヵ月の時点で、すでに人種の違いを認識し、自分と同じ人種に好意を示す傾向にあることも分かっている。とはいえ、これも世界中の多くの国で大多数の両親が同一人種であるということが関係していることは否定できないだろう。

この集団バイアスについて、例えばアメリカでは、民主党のグループと共和党のグループという政治集団別の帰属意識が高まっていると言われる。しかし、白人グループと非白人グループという人種をベースにした帰属集団もいまだに根強く、社会の至る所で負の影響が出ている。アカデミー作品賞にもノミネートされた映画『グローリー――明日への行進――（*Selma*）』（エヴァ・デュヴァネイ監督、二〇一四年）では、キング牧師と同志によるアラバマ州セルマから州都モンゴメリーへのデモを題材に、アメリカの黒人差別がビビッドに描写されていた。この人種に根ざした暴力と抑圧の事件が起こったのは１９６５年で、ほんの五六年前のことである。

ジョージ・フロイド氏が警察官の拘束によって死亡した事件を発端に、全世界に波及した抗議運動は記憶に新しいが、現在でも黒人差別はアメリカ社会の至る所に存在している。ヨーロッパでも、近年の移民の増大の影響からか、自国民と移民という対立構図がより浮き彫りになっている。こうした集団主義、部族主義の問題は、政府サービスの量と質にも影響を与えるという点だろう。例えば、多民族国家であるアメリカでは、多種多様な人が住む都市、とりわけ異なる人種で住み分けられ、地域が人種で分断されている都市ほど、公共財の予算が低い傾向にあるという。こうした社会の多様性と公共財の負の関係は、アメリカだけではなく他の国や地域でも見られるものである。

多様な意見と合意形成

だが、なぜ多様な人々が住む社会で政府サービスの量と質が低下するのだろうか。その理由の一つとして、単純に、単一の集団内でのコミュニケーションに比べて、複数の集団間でのコミュニケーションは時間と取引コストがかかるため、政府サービスの供給が滞ってしまう可能性が指摘されている。他にも、先の社会的ジレンマの状態に絡めて、社会的ジレンマにはいくつかの解決法があるが、例えば「協力しない人を罰する」、「協力する人の評判が分かる」、「相手が協力していることが分かる」といった仕組みがある場合に人は協力する傾向にあることが分かっている。ここに集団主義も関わってきて、単一の集団内のほうが協力しない人に対する罰をより効果的に実行できるため、そうした効果的な罰の存在が政府サービスのスムーズな供給に寄与している可能性がある。また、先述のパットナムらの研究によれば、ソーシャル・キャピタルの豊かな地域では人と人との協力が促進され、社会的ジレンマが生じにくいという。

日本にも関係していて、私が最も重要だと思っているのは、多くの集団が存在している社会では、集団が細分化されており、多様な意見が存在するという点だ。多様な意見が存在するということは、政府サービスの量と質について、意見の集約が難しく、合意形成が困難になる。合意形成が難しいと、一部の人は政府が供給しないサービスを自分の集団のためだけに代替提供しようとするかもしれない。そうなった場合、社会はさらに分断化するという悪循環を生むだろう。

日本における所得再分配の合意形成

民族の多様性ということで言えば、日本でも２０１８年に政府が外国人の単純労働者の入国制限を緩和したことに象徴されるように、コンビニなどで働く外国人を見ることが増えてきた。例えば、ＯＥＣＤのデータで比較すると、２０００年から２０１５年のあいだの外国人在留者の増加率は、多民族国家のアメリカでは34・３％だが、日本はそれ以上の36・３％だった。とはいえ、日本では他の先進国と比べて依然として移民も少なく、日本で暮らす多くの外国人は短期労働者で、定住を目的とした外国人は他の国と比べて非常に少ない。しかも、日本では、そもそも外国人に参政権が与えられていない。にもかかわらず、日本が集団主義の便益を享受して、自集団での合意形成を容易に行っている、とは言えそうにない――ここに日本の特殊性が表れているのかもしれない。

先述したとおり、日本人は他の日本人を信頼しておらず、日本はアメリカよりも個人主義的な社会だと考えられている。もしそうだとしたら、日本はアメリカに比べれば民族的に多様な社会でもないのに、集団よりも個が意識されることが強くなっており、社会が個人レベルで細分化され、公助への合意形成が他の多民族国家以上に難しくなっている可能性がある。また、先に見た２０２０年の「社会意識に関する世論調査」では、日本人は日本人という自集団への帰属意識や連帯意識が低くなっていることが示されていた。このように、日本人が集団への連帯感が薄く、個人主義的であることは、意見が多様に存在するというだけでなく、自分のことは自分でするべき、という自己責任の意識が強く、公助への合意形成を難しくしてしまう可能性がある。実際、国際比較調査によれば、他国に比べて日本人の多くは税負担が高すぎると感じていることが分かっている。日本では、連帯の仕組みであるはずの税が非常に嫌悪されており、公助の十分な財源確保についての合意形成が難しくなっているのである。

こうした公助についての自己責任論は、どこから来ているのだろうか。この点について、財政学が専門の井手英策は「恥」という概念を使って考察している。その著書『幸福の増税論』(井手 二〇一八)で、井手は江戸時代にまで遡って、日本では「働かざるもの食うべからず」の精神が今日の社会にも残っている、と考える。他者に頼り、依存することを「恥」と考える社会的な風潮もあって、自己責任論が日本の財政のあり方に影響を及ぼしているのだという。

自分のことは自分でする、ということはもちろん、政府に面倒を見てもらう必要はない。また、他の人を助けるために高い税金を払いたくもない。日本人の自己責任の強さと税への忌避感が、本当に「助けを求めることは恥」という「消極的」な理由から来ているのか、それとも信頼していない他人を助けたくないという「積極的」な理由から来ているのかは、ここではっきりとは分からない。しかし、日本では連帯感を必要とする公助への合意形成が非常に難しくなっていることは否定できない。井手によれば、財政とは「共通の利益」、「共通のニーズ」を満たすために作られた社会的、国家的連帯の仕組みだとされる。そうだとすると、今の日本社会が細分化され、自己責任の考えが強くなっているのであれば、そもそも何が「共通の利益」、「共通のニーズ」なのかすら合意できないことになる。

生活保護とスティグマ

「恥」という概念はアメリカの文化人類学者ルース・ベネディクト（一八八七―一九四八年）の『菊と刀』（一九四六年）でも触れられている。この「恥」の文化に関連して、日本では生活保護の不正受給が問題になることがある。新型コロナウイルス感染症拡大に伴う緊急経済対策としての持続化給付金でも、不正受給の問題がメディアで散見された。警察庁によると、２０２０年12月の時点で２７９人が詐欺容疑などで摘発され、立件総額は約２億１２００万円にものぼるという（『日本経済新聞』二〇二〇年一二月二四日）。しかし、そのような不正や不正への批判の陰で、逆の現象、つまり生活保護の対象であるにもかかわらず受給しようとしない人が日本では異常に多いという事実は、メディアでほとんど報じられない。

少しデータが古いが、尾藤廣喜らが２０１１年に公表したデータによると、日本で人口に占める生活保護の受給者の割合は１・５７％であり、これはドイツ（９・７％）、フランス（５・７％）、イギリス（９・２７％）、スウェーデン（４・５％）より低かった。日本人は他の先進国と比べて貧しい人が少ないということだろうか。残念ながらそうではなく、本来生活保護を受けられるにもかかわらず受けていない人の割合を比較してみると、日本は生活保護を受けられる人全体の80％以上（最低生活費未満世帯のうち）にのぼり、これはドイツ（35％）、フランス（８％：ＯＥＣＤ基準）、スウェーデン（18％）と比べて圧倒的に多かった。２０１２年に日本弁護士連合会が公表したパンフレット「今、ニッポンの生活保護制度はどうなっているの?」では、尾藤らのデータを紹介した上で、豊かであるはずの日本で「餓死」や「孤立死」が見られるのは、こうした生活保護の利用率の低さが背景にあるのではないか、と指摘している。

なぜ日本人の貧しい人の多くは生活保護を受けないのだろうか。私は海外に住んでいて、外国の行動様式にだいぶ慣れてきた部分が多々あるが、一つだけどうしても変えられず、やはり自分は日本人だなと思うところがある——どうしても「他人に迷惑をかけたくない」のである。どんなに困っていても他人様《ひとさま》に迷惑をかけてはいけないと刷り込まれてきた教育が潜在意識として働き、助けを求めるのが億劫になってしまう。

こうした考えが、日本が自己責任の国になっていることの根底にあって、多くの貧しい人が生活保護を受けない理由の一つになっているのかもしれない。ただし、もう一つの有力な仮説として、先ほどの「恥」に関連して、政治経済学で生活保護の受給にともなう社会的スティグマ(汚名)が生活保護などのセーフティーネットにはともなってくる、と言われることがある。つまり、生活保護を受けるということは、人生に失敗したという烙印を捺されるということであり、恥ずべきことだと考えてしまうのである。

日本は、とりわけ自助努力の国、自己責任の国であるがために、社会の目を気にして、生活保護を受けるのは「恥ずかしいこと」、「隠さなければいけないこと」だという認識が強いのかもしれない。

また、不正受給の割合は、先述の日本弁護士連合会のパンフレットによれば、件数ベースで2%程度、金額ベースで0・4％程度であるにもかかわらず、メディアで問題にされることが多いせいで、生活保護を受けると不正受給を疑われてしまう、と嫌悪することもあるだろう。

ここに興味深いデータがある。内閣府による2019年の「国民生活に関する世論調査」で、自分の生活の程度は世間一般から見てどうか、という質問に対して、自分は「上」と答えた人の割合は1・3％、「中の上」と答えた人は12・8％、「中の中」と答えた人は57・7％、「中の下」と答えた人は22・3％で、「一億総中流」のイメージのとおり、日本人の実に92・8％もの人が自分の暮らしぶりは「中」程度だと考えている。それに対して「下」と答えた人はわずかに4・2％であり、これはデータから見える日本の貧困の実像を反映していない。何らかの理由で、日本人の多くが自分は貧しくないと認識しているか、あるいは自分は貧しいと他人に見られたくないと考えているのかもしれない。ここでも、社会的スティグマという社会の目が影響している可能性がある。

自助努力の社会的コスト

生活保護を受けずに自分で自助努力をする。確かに、自助努力の国では、こうした行為は素晴らしいものとして賞賛されるだろう。だが、他方で、こうした社会的スティグマの結果、生活保護を受けないと、最悪の場合は餓死、餓死には至らないまでも、精神疾患に罹《かか》り、さらには自殺にまで至る場合もあることが分かっている。澤田康幸らの経済学者と政治学者の合同研究チームによると、自殺の主な要因は精神疾患だが、その精神疾患は社会経済的要因と密接に関係しており、所得格差や貧困が自殺の一因として考えられるという（澤田・上田・松林 二〇一三）。貧困が精神疾患と密接に関係していることは、マサチューセッツ工科大学（ＭＩＴ）のマシュー・リドリーらの研究グループが『サイエンス』誌でまとめた論文でも議論されていた（Ridley, Rao, Schilbach, and Patel 2020）。

日本は自殺率が高いことで知られているが、澤田らの研究グループも指摘するとおり、自殺にはさまざまな社会的コストがともなう。自殺が引き起こす遺族や友人（有名人の自殺の場合は、その他大勢）への心理的・精神的影響や経済的な負担はもちろんのこと、自殺が発生した場合に必要となる医療行為や警察の実況見分、鉄道自殺の場合には列車の遅延などのコスト、そして自殺した人が経済活動にこれ以上参加できないコストなど、自殺の社会的なコストは多岐にわたる。だとすれば、自己責任の国に住んでいながら、日本人の一人一人が知らず知らずのうちにその間接的なコストをみずから負担している、と考えることもできるだろう。

自己責任の国の公助のあり方

このように、自己責任の国では、公助の質と量の低下だけでなく、さまざまな社会的なコストが生まれる可能性がある。ただ、実は社会保障支出を国際的に比較すると、意外にも日本はＯＥＣＤ平均より高いが、これは日本の超高齢社会と関係があり、労働年齢人口への所得補助などを見ると、アメリカ、韓国などと同じで非常に低い。このことは、日本社会が分断されて個人と個人が社会でつながっておらず、日本人同士で何が「共通の利益」であり、何が「共通のニーズ」なのかが合意できていないことと無関係ではないかもしれない。合意形成が難しければ、政府サービス、公的な制度を使って他者を（だけでなく自分も含めて）助ける、という公助は整いにくいだろう。

はたして、このような日本で、いかにして公助への合意形成を行えばよいのだろうか？　この問題について、次章では、日本をはじめとする世界各国で近年注目を浴びているベーシック・インカムについて考えてみたい。もしかすると、ベーシック・インカムは「共通の利益」、「共通のニーズ」について合意する必要も少なく、他者を信頼しない自助中心の日本人にふさわしい公助のあり方なのかもしれないからである。

第5章

日本はベーシック・インカムを導入すべきか

特別定額給付金とベーシック・インカム

新型コロナウイルスの影響で、日本政府は、特別定額給付金、持続化給付金、家賃支援給付金など、さまざまな救済政策を講じてきている。中でも特別定額給付金は、収入による制限がなく、住民基本台帳に記録されている人なら誰でも10万円の給付を受けることができるという、ベーシック・インカムの考えに近いものだった。そのため、ベーシック・インカムに準《なぞら》えて、特別定額給付金を再給付するべきだ、恒久的なものにするべきだ、いや、そうするべきではない、と議論が白熱し、今、ベーシック・インカムが、にわかに注目を浴びている。

例えば、元大阪府知事の橋下徹は、2020年4月24日に自身のツイッターで「もともとこの10万円の給付は、生活に困っている人への緊急補償」、「だから政治は「このお金は生活に困っている人のためのものであり、給料が全く下がらない人（議員・公務員）、生活に困らない人は受け取らないでください。余った予算は申請してきた人に再度分配するので」ときちんと言う必要がある」と言っており、制限がないすべての人への給付金には反対のようである。それに対して、小泉純一郎内閣で経済財政政策担当大臣・金融担当大臣を務めた竹中平蔵は「10万円の給付はうれしいが、1回では将来への不安も残るだろう。例えば、月に5万円を国民全員に差し上げたらどうか。その代わりマイナンバー取得を義務付け、所得が一定以上の人には後で返してもらう。これはベーシックインカム（最低所得保障）といえる。実現すれば、生活保護や年金給付が必要なくなる。年金を今まで積み立てた人はどうなるのかという問題が残るが、後で考えればいい」とインタビューで述べている（『週刊エコノミスト』二〇二〇年六月二日号）。

ベーシック・インカムとは何か

そもそも、ベーシック・インカムとは何だろうか？
ベーシック・インカムは「収入や資産の多寡にかかわらず、また、働いているかどうかにも関係なく、個人に現金を給付する」ものと定義される。生活保護などの現行の給付制度とは異なり、収入や就労などによる給付条件がなく、「選別的ではない」。また、すべての人が同額の給付を得るという意味で「より公平な給付」だと言える。

ベーシック・インカムには非物質的・非金銭的な効果があることも期待されている。ベーシック・インカムによって、社会における最低限の生活を保障することで、人々が日々の生活に不安を感じることなく、より人間らしい生活が送れるようになるはずだ、という期待である。人はそもそも無条件に生きる権利があり、社会において基本的なことを「できる」権利があると指摘したのは、1998年にノーベル経済学賞を受賞したアマルティア・センだった。センは、もちろん金銭的な給付だけを意図して潜在能力アプローチ（多様な環境・条件にある個人について、実際にその人が必要最低限の生活を送ることができるのかに着目するアプローチ）を提唱したわけではないが、最低限の生活をすべての人に保障しようとするベーシック・インカムは、彼の考えにも通じるところがある。

だが、センが念頭に置いていたような途上国の貧困と違って、日本では特に非物質的な豊かさ、あるいは一見必要ないと思われる消費のほうが、より重要かもしれない。例えば、子どもは、最も安い服ではなく、友達の中で「浮いた」存在にならないように少しだけ値段は高いが他の友達が着るような服を着たいと思うだろう。この点、限定的な給付だと、その人（ここではその子どもと親）にとっては「社会的に」最低限の生活を保障するための消費でも、世間に対する後ろめたさから、そのような消費を控えるかもしれない。もしくは、給付を受けるのは「恥」だと考えて、給付すら受けない人も出てくる可能性がある。これに対して、ベーシック・インカムでは、すべての人が給付を受けるので、このような後ろめたさを感じる必要も相対的に少ない。

日本でも最近ワーク・ライフ・バランスが推奨されているが、ベーシック・インカムには、労働に拘束されず、誰でも自分のために時間を有意義に使えるようになる、という期待もある。実際、最新の第7回「世界価値観調査」によれば、日本人の59・2％が「たとえ余暇時間が減っても、常に仕事を第一に考えるべきだ」という考えに反対している。ポスト経済成長時代に入ったのかもしれないが、日本でもワーク・ライフ・バランスの「ライフ」の部分が重要になってきていることが分かる。そして、ベーシック・インカムには、もらった給付の使途が特定されていないので、何が必要かを自分で考えて自律的に行動する、というエンパワーメントの側面もそなわっている。

前章に絡めて社会全体で考えても、ベーシック・インカムはすべての人に給付されるので、限定的な給付より、分断された社会でも公助への合意形成が容易だと考えられる。また、支給されたお金をどのように使うかは個人に任せられているので、給付金の使い道についても、わざわざ合意する必要がない。そのようにしてお金で利己主義の国の問題を解決するのは、第2章で見たティトマスの議論と矛盾するのではないか、と思う人もいるかもしれない。「物事をお金で解決すると道徳的規範が損なわれる」、「人間が本来もっている利他性が損なわれる」、そうではなく「日本人同士で助け合うという心持ちを育んで公助への合意形成を目指すべきではないか」といった反論が考えられるだろう。確かに、ティトマスの議論に倣えば、ベーシック・インカムを導入することで、他人を助けないという人はさらに増えるかもしれない。だが、先に述べたように、ベーシック・インカムは、物質的な政策というよりは、エンパワーメントなどの非物質的な要素も重視した政策である。仮に物質的な側面だけに着目したとしても、公助への忌避感が強い自助の国ニッポンでは、より現実的な公助のあり方として、ベーシック・インカムを真剣に考えてみてもよいのではないかと私は思っている。

ベーシック・インカムの問題点

以上のような便益があるベーシック・インカムも「机上の空論」として批判を受けることが多い。最も多い批判が「財源はどうするのか」というものだ。一回きりの特別定額給付金でさえ、12兆円もの財源が必要だった。これを毎月、恒久的に実施できるのか。また、この財源の問題に関連して、現行の社会保障制度をどうするのか、という問題が議論されることも多い。ベーシック・インカムがあるからといって、年金、医療、介護、失業保険、生活保護などの社会保障支給をなくせるのか、という問題だが、特に年金はこれまで積み立ててきたものがあるので、それをいきなりゼロにすることはもちろんできない。

ベーシック・インカムの利点の一つは「無条件に給付」という点なので、限定的な給付に必要な事務作業コストが大幅に削減される。ベーシック・インカムを導入すると、複数の保障が複雑に絡み合った現行の社会保障制度を簡略化し、その財源をベーシック・インカムにあてることができる、という意見もある。しかし、年金の問題一つとってもベーシック・インカムへの完全な移行のためには多くの課題をクリアする必要があることは明らかだ。また、そうした技術的な問題に加えて、一律給付は政治家の裁量を奪う、という政治的な問題も存在する。特定の層に利益分配することで支持を維持する、あるいは増やす、ということができなくなるからである。はたして日本の政治家に自分たちの影響力をみずから奪う気概があるだろうか。

ベーシック・インカムは本当に公平か、という問題もあるだろう。一律に給付をする、ということは、みんなスタート地点は同じにして「機会の平等」を担保する、ということでもある。しかし、お金をもっている人も同額の給付を受けるということは、「結果の平等」はもちろん担保できない。また、社会的な流動性が失われている中（例えば親の収入で子どもの学歴や収入が決まってしまう）、たかだか月5万円や10万円で「機会の平等」を本当に確保できるのか、スタート地点を一緒にすることができるのかも、はなはだ疑わしい。

ただし、「結果の平等」に関して言えば、日本では「長い目で見ると、勤勉に働けば生活がよくなって成功するものだ」という考えの人が増えてきているので（最新の第7回「世界価値観調査」では

61・７％）、「結果の平等」はあまり重要ではないのかもしれない。この点では、ベーシック・インカムが「結果の平等」より「機会の平等」を相対的に重視している点と整合的である。また、日本には、結果を残せるだけの努力をすることすらできず、日々の生活でせいいっぱい、という人もたくさんいて、結果が自分の生まれもった境遇で決まる傾向が高まっている。そう考えると、最低限の努力を可能にするベーシック・インカムは「機会の平等」を達成することはできなくとも「努力する機会の平等」を確保でき、なおかつ多くの日本人の考え方に合った政策だと考えられる。

就労の有無にかかわらず給付を行うと、人々の就労意欲を削ぐのではないか、というモラル・ハザードの問題が議論されることもある。確かに、ベーシック・インカムを支給することで多くの人が働かなくなり、ひいては所得税の低下などによって政府の財源が縮小する、ということは理論的には考えられる。しかし、「世界価値観調査」の「（仕事は）あなたの生活に重要か」という質問では、81・３％もの日本人がいまだに仕事は重要だと考えている。また、多くの人が「人は働かないでいると怠惰になるものだ」（64・５％）、「働くことは、社会に対する義務である」（58・１％）と考えている。確かに、多くの先進国で労働生産性が向上し、相対的に労働しなくてもよい時代になってきてはいる。しかし、日本ではまだ多くの人が労働することは重要だと考えており、ベーシック・インカムをもらったとしても、すぐに怠け者が多い社会になるとは限らないだろう。

他国での社会実験

日本ではまだベーシック・インカムの賛否が議論されている段階だが、他の先進国ではすでに試験的に導入されている。ヨーロッパでは、フィンランド、オランダ、ドイツ、スペインの4ヵ国で、すでに社会実験が行われた。フィンランドでは、2017年から二年間、試験的に無作為に選ばれた2000人に月額560ユーロ（約7万円）が支払われた。失業者に限ってはいたが、プログラム開始後は就業の実態や就業する意思があるかどうかにかかわらず無条件で給付がなされた。そうして、給付を受けなかった失業者と給付を受けた失業者を比較したところ、就業率の上昇や収入の上昇は見られなかったが、給付が就業意欲を削ぐこともなかったようである。オランダでも、2017年にいくつかの都市で同様の社会実験が行われ、無作為に月額850ユーロ（約11万円）が給付されたが、就労や収入への効果は特に見られなかった。

スペインやドイツでも同様の試みが行われているが、やはり就労や収入への効果は特に見られていない。これは、給付を得たことによって働かなくなる、というモラル・ハザードの懸念は杞憂である可能性を示唆している。また、非物質的な影響に関しては、給付を得たグループのほうが、得なかったグループよりも（自己報告だが）生活満足度が高く、精神疾患も少なくなる傾向があった。新型コロナウイルスの影響でさまざまな国が特別給付金を無条件で分配したが、スペインのように、これを機にコロナ後も一律給付を継続する意思をもっている国もある。

日本人はベーシック・インカムに賛成なのか

こうした試験的導入も含めてベーシック・インカムが活発に議論されている欧州各国に比べると、日本ではまだベーシック・インカムの考えが完全には浸透していない。また、日本人がベーシック・インカムについてどのように考えているのか、というデータも多くない。ここで私が、ベーシック・インカムは分断された日本社会では合意形成が（他の給付に比べて）簡単で、スティグマも軽減されるので、多くの国民に受け入れられるのでないか、と論じても、それこそ机上の空論だろう。

そこで、２０２１年2月に日経リサーチの協力のもと、日本人１８００人を対象にして独自に意識調査をしてみた。今の日本でベーシック・インカムは、どれだけ受け入れられているのか。サンプルは、性別、年齢、居住地などの基本属性について、なるべく18歳以上の日本人の人口構成に沿うように抽出した。基本属性について質問したあと、本書でたびたび使った「他人を信頼するか」、「社会に貢献したいか」という質問もした。

他人を信頼するかどうかについては、多くの調査と同様の結果が得られ、本調査でも80・7％もの人が「他の日本人を信頼していない」、「用心するにこしたことはない」と回答した。社会貢献については、若干、政府統計よりは低いが、それでも46・3％の人が日頃、社会の一員として、何か社会のために役立ちたいと思っている、と答えた。政治的な信頼度についても聞いたところ、こちらは意外にも他人への信頼度より高かったが、それでも75・7％の人が政府を信頼していない、と回答しており、これは「世界価値観調査」より悪い結果だった。第3章で見たように政治不信が人助けをする

「気持ち」を削いでいる、あるいは共感力が高い人の人助けの「行為」を妨げているのなら、この結果は深刻に受けとめる必要があるだろう。

これらの質問をしたあと、無作為に回答者を大きく二つのグループに分け、一つのグループにはベーシック・インカムについての意見を、もう一つのグループには低所得者のみへの限定給付についての意見を聞いた。より具体的には、ベーシック・インカムのグループには「現在コロナによって多くの人々の生活が困窮しており、この影響が長引くことが予想されています。そこで、政府はさらなる生活支援策として今後一〇年間、18歳以上のすべての日本人に毎月5万円の給付を行うことを決定しました」という架空の給付政策について、賛成するか、反対するか、を答えてもらった。その際、財源についての考慮を排除するため、「財源や税金のことは考えずに直感的にお答えください」という文言も付け加えた。

限定的な給付政策のグループには、同様の架空の設定を提示したが、「18歳以上のすべての日本人」という箇所を「世帯収入が現在お住まいの都道府県平均より低い18歳以上のすべての日本人」として、限定給付である点を強調した。

二つのグループは、年齢や性別、収入など基本的な属性の面で平均的に似通っているため、二つのグループの政策に対する賛成度を比べることで、今の日本でどちらの給付政策のほうが一般的に好まれるのかを調べることができる。もちろん、これは一つの調査結果にすぎず、5万円という額は少なすぎる、あるいは多すぎる、と思う人もいるだろうし、一〇年間という期間は短すぎる、あるいは長すぎる、と考える人もいるだろう。それゆえ、この結果だけで、ベーシック・インカムへの一般的な支持率を算出するのは難しいが、同じ給付額と同じ期間という条件の下で、ベーシック・インカムが限定給付より支持率が高いのかどうかは比較検討できるだろう。

ベーシック・インカムに賛成する人、反対する人

調査の結果は、平均して、56・6％の人がベーシック・インカムに賛成だった。限定給付に賛成したのは52％で、4ポイントほどベーシック・インカムのほうが支持率が高かった（これは統計的に有意な差である）。もちろん、ベーシック・インカムのほうが給付をもらえる人が多いので、そのぶん支持率が高くなるのは当然のことかもしれない。それでも、現時点で半数以上の人がベーシック・インカムのような無条件給付に賛成しているという事実は、日本でもベーシック・インカムについての合意形成は不可能ではないということを示唆している。

では、より具体的に、どういう人がベーシック・インカムに賛成しているのだろうか？　当然ながら、お金をもっている人よりも貧しい人のほうが、ベーシック・インカムに賛成する傾向が高かった。調査では、なぜ政策に賛成したか、なぜ反対したかについて自由記述形式で書いてもらったが、賛成した人の多くが「生活に困窮しているから」、あるいは「これから困窮する可能性があり、もらえるものはもらいたい」と答えている。

また、年配の人よりも若者のほうが、ベーシック・インカムに賛成する傾向にあった。年配の人、

特に60歳代で支持率が低く、もしかすると、年金をもらっているので政府のお金をさらにもらう必要がない、あるいは、ベーシック・インカムをもらうと年金がもらえなくなる、と考えた人が多いのかもしれない。もしくは、なぜもっと早くやってくれなかったのか、という抗議票を投じた人もいるかもしれない。

その他にも、男性のほうが支持率が高く、また、理由はよく分からないが、社会に貢献したいと思っている人ほどベーシック・インカムへの支持率は低かった。彼らは貧しい人だけが給付をもらうべきだと思っていて、ベーシック・インカムに反対しているのかもしれないが、そうした人が（「結果の平等」とより整合的な）限定給付を特段支持しているという結果も得られなかった。

調査では、一部の人に「均一給付では不平等の是正につながらず、給付は本当に困っている人だけに行うべき」という文言を加えて、日本人がベーシック・インカムの一つの問題点である平等の問題について、どのように考えているのかを調べたところ、このような問題を考えてもらうと、若干ではあるが、ベーシック・インカムへの支持率が下がることが分かった。ただし、支持率の低下は、主に低所得者層の不支持によるところが多い。つまり、貧しい人以外にも給付が行われるという不平等の面を強調すると、低所得者層でベーシック・インカムの支持率は大きく下がったが、それ以外の人にはあまり影響はなかった。

「給付を受け取ることで働かなくなる人が出てくる」というモラル・ハザードの問題を考えてもらうグループも作って、この問題がどれだけベーシック・インカムの支持率を下げるのかを検証したところ、こちらは私が他の国で行った調査結果とは逆に、日本ではモラル・ハザードの危険性について強調しても、支持率は大きくは下がらなかった。先の「世界価値観調査」の結果と合わせると、日本人の多くは、働かない者は怠け者であり、給付を得ても働かなくてはいけない、と強く思っていることが示唆されている。

ベーシック・インカムはスティグマを軽減するか

調査では、給付政策に賛成するか、反対するか、だけでなく、「あなたにも給付を受けられる可能性がある場合、あなたは応募すると思いますか？」という質問もした。抽象的、あるいは社会の問題として政策に賛成するか反対するかを聞くのではなく、あなた自身はもらいたいですか、とより意図が明確な質問になっている。これを、ベーシック・インカムは本当にスティグマを軽減するのか、という問いを検証するために使った。日本では限定給付を得ることから来るスティグマが本当に強いのであれば、ベーシック・インカムのほうはみんながもらうので（そのためスティグマが少ない）、限定給付よりもベーシック・インカムへの応募率のほうが高いと考えられる。特に両方の給付をもらえる可能性がある低所得者に、この傾向が強いと推測される。

結果は、予想のとおり、ベーシック・インカムのほうが限定給付よりも6ポイント以上応募率が高く、低所得者のほうがこの傾向が強かった。低所得者（に加えて多くの日本人）は、同額の給付であっても、限定給付よりベーシック・インカムの制度から給付をもらいたい、あるいはもらいやすい、と思っていることを示している。

低所得者に限って本調査の主な結果をまとめてみると、低所得者はベーシック・インカムと限定給付に同程度賛成だった。にもかかわらず、応募率で比較すると、ベーシック・インカムのほうが限定給付に比べて断然高い。つまり、限定給付だともらえる可能性があってももらわないケースが増えるが、ベーシック・インカムのほうがそうしたケースは少なくなる、ということになる。

このスティグマや「恥」の給付への影響をより直接的に分析するために、限定給付への賛否を聞いた回答者の一部に「あなたにも給付を受けられる可能性がある場合、あなたは応募すると思いますか？」と聞いたあと、「なお、給付を受けた場合、市町村のホームページに受給者の名前が掲載される予定です」という文言を付け加えた。ホームページに受給者の名前が掲載されて、自分が給付を受けたことが公になってしまうということだが、これは受給の応募率を87％から27ポイントも下げてしまった。日本人の多くは給付を受けていることを隠したいと感じ、給付を公にされるくらいなら「もらえるものももらわない」と考える傾向が強いことが分かる。

調査期間中、東北地方で大きな地震があった。地震が人々の共感度を高める、日本人の公共精神を高める、と言われるが、地震の前と後で比較しても、本調査に関してはそうした傾向は見られなかった。

自助の国ニッポンでのベーシック・インカム

「日本人は怠け者だ」――およそ一〇〇年前の1915年の日本人は、欧米人からそのように考えられていた。その後、日本人は世界でも有数な勤勉な国民になった。今、日本人を怠け者だと考える外国人はいないだろう。これは、人々の行動様式や考え方が時とともに変わることを意味している。仮に現在の日本人が利己的であり、他の人は助けたくない、また公助を使った相互扶助にも賛同したくない、と考えているとしても、それはこの一〇年間だけを切り取った日本人像であり、一〇年後の日本人は、より利他的になり、労働やお金が第一義的な人生の目的でなくなっている可能性は確かにある。そうなるなら、わざわざ大幅な制度改革を行ってまでベーシック・インカムを導入する必要はないだろう。

しかし、今から一〇年後の日本がより利己的で、さらに自己責任の国になっている可能性も捨てきれない。日本全体が貧困化し、パイが少なくなってきている中、もしかするとこちらのシナリオが現実になる可能性のほうが高いのかもしれない。そのような社会では、国の経済の成長が停滞し、所得が伸びなくなることで、多くの人が豊かさや満足度を享受できず、利他主義がさらに後退して、社会のためではなく自分のために、と考える不寛容が拡大する可能性がある。

一〇年後の日本が今より利己的な社会になると想定するのなら、自助や自己責任論とも親和的なベーシック・インカムは、（今回の調査によれば国民の半数以上がベーシック・インカムに賛成していることも含めて）日本の公助の一つの形として、短期的・中期的には、より現実的な政策だと言えるのかもしれない。

エピローグ

私には6歳離れた妹がいる。私と妹は、ある意味で正反対の人生を歩んできた。私は島根の高校を出て東京の大学に進み、大学院に行った。その後、海外のいくつかの大学を転々としたあと、今はオランダの大学で助教授をしている。妹は地元の高校を出たあと、広島の看護学校を卒業、今は地元の小さな病院で看護師をしている。私は仕事柄、アカデミックな知人や友人が多くなるので、学問とは無縁の、もっと現実感のある人の意見が知りたくて、妹にこの本の草稿を読んでもらったことがある。すると、妹は読み始めて5分も経たずに「何これおもんない」と一蹴、読むのをやめてしまった。

本の内容が彼女の生活にあまり関係がなく、リアルに感じられなかったのか。それとも、私の文章の書き方が悪いのかは分からなかったが、多くの人が同じような感想をもつかもしれないと思った。せっかく書いたはいいが、多くの人に読んでもらえなくては意味がない。その後、何とか読みやすくなるよう、いろいろ工夫をしたつもりだが、それでもはたして多くの人に興味をもって読んでもらえるのか、そもそも妹に最後まで読んでもらえるのか――不安しかない。また、私は政治学を専門にしているので、本書でたびたび利用した心理学や社会学の専門家にとっては言葉足らずの箇所があったりするだろうとも思う。

ただ、そうした不安もあるが、書いている内容の根幹は、このエピローグを書いている段階では、そんなに間違っていないのではないかと思っている。新型コロナウイルスが猛威をふるっている中、宰相となった菅義偉首相が就任時にこんなことを言っていた。「自助・共助・公助。（それを理念として）この国づくりを行っていきたいと思います」。そして、「まず自分でできることがあれば、自分でやる……そして、それでもダメであれば、それは必ず国が責任をもって守ってくれる。そうした信頼のある国づくりというものを行っていきたいと思います」と。

もちろん、菅首相は、国に頼ってばかりではモラル・ハザードを生むので、それを戒《いまし》めるために、このように言ったのかもしれない。だが、私は、日本のリーダーが「まずは自分のことは自分でやる」という自助理念を掲げ、「日本は自己責任の国」だと認めたような気がした。そして、自助も共助もダメなら、最後は国が面倒を見る、という考えも、日本人の多くが実は共助や公助への忌避感を強く抱いているという事実を考慮していないように思えた。もし日本社会が分断していて、個人と社会の関係性が薄れているのなら、そして共助と公助を忌避しているのなら、菅首相が言うような、自助がダメなら共助、共助がダメなら公助、というロジックは成り立たない。さらに言えば、社会や国とのつながりの稀薄化、そして政治不信といった要素を無視して、いきあたりばったりの給付政策をとっても「信頼のある国づくり」には決してつながらないだろう。

新型コロナウイルスのワクチンができて、このパンデミックも徐々にではあるが収束に向かっていくのだろう。しかし、このパンデミックは直接的または間接的に、日本にもともとあった貧困や不平等の問題をさらに悪化させ、その影響は長期に及ぶ可能性がある。一方、政治経済学では、経済危機は国の不平等を是正する効果がある、と言われ、現代のマルクスとも呼ばれるフランスの経済学者トマ・ピケティのデータを見ても、第一次世界大戦と第二次世界大戦にともなう経済危機は所得と富の再分配をもたらしたことが分かる。新型コロナウイルスによって引き起こされた経済危機も、過去の経済危機と同様に不平等を是正するのではないか、と期待する人がいるのはこのためだ。

だが、すべての経済危機で社会が平等になるわけではもちろんない。第一次世界大戦の例で言えば、不平等が是正された一つの要因は、徴兵された労働者階級がいわば徴兵への対価のために富める者への課税を要求し、より累進的な税制を導入させたことだった。多くの労働者階級が、目覚ましい補償があるわけでもないのに戦争に行き、国のために戦う——累進的な税制の導入は、その不公平感の是正を促す目的もあった。このように、経済危機が社会での公平性についての議論を喚起した場合にのみ不平等が是正されるのだとしたら、コロナ後の日本では公平性についての議論が起こるだろうか。

この問題を考えるとき、日本に新型コロナウイルスで被害をこうむったグループ（例えばアメリカだと黒人などの有色人種）が存在するか、そのグループが協力し合って社会に対する発信力、影響力をもてるかどうかが決め手になるだろう。日本では、収入や雇用形態がそもそも不安定だった非正規雇用者やひとり親世帯に、新型コロナウイルスの大きな影響が出ている。しかし、シングルマザーや非正規雇用者は、会社だけでなく社会での立場も強くないし、彼らが協力し合って一つの声を発信することも現状では考えにくい。そう考えると、社会の多くの人が彼らの苦境を不公平だと訴えることなど期待できないのかもしれない。

緊急事態宣言下では外食・小売業に従事する人やその家族への影響が甚大だが、彼らはどうだろうか。例えば、外食産業で言えば、既存の協同組合などで連携して政府に影響力を行使することは可能だろう。また、特定のグループだけでなく、コロナの直接的、間接的な影響で、より多くの日本人が社会的弱者になる可能性もあるだろう。社会の大多数を貧しい人が占めるようになれば、不平等の議論も高まるかもしれない。しかし、本書で見たように、日本人の多くが自己責任論に基づいて行動するなら、たとえ弱者が社会の大多数を占めたとしても、また特定の産業が困窮を訴えたとしても、それはやはり「他人事」であり、自分の困窮は自分で何とかするしかない、と多くの人は考えるだろう。そして、社会で不平等や公平さについての議論が起こらないのであれば、結局のところ日本の不平等はコロナ後も是正されないだろう。

自分のことは自分でするし、他人は助けない——ということは、もちろん他人もあなたを助けてくれない。そして、自分はしっかりしているのだから、あなたもしっかりするべきだ、と必要以上に他人に厳しくなる人も多くいるだろう。

だが、そのような他人にやさしくないニッポン像は、表層的なイメージにすぎない可能性がある。本書でもたびたび指摘したように、日本人の約6割の人が社会に貢献したいと潜在的には思っている。政治不信か何かの影響で、日本人の多くが社会貢献や利他的な行為をためらっているのだとしたら、もしそうだとしたら、何らかの「社会変化」が起きれば、いつの日か、そのためらいが消え、また世界に誇れる「思いやりの国ニッポン」、「助け合いの国ニッポン」を目にすることができるかもしれない。

いや、「思いやりの国ニッポン」を実現するためには「社会変化」という大きな変革さえ必要ないのかもしれない。人は、誰かから助けてもらったとき、お世話になったとき、感謝という感情を抱く。そして、この感謝は向社会的な行為を伝播させる効果をもつと言われる。助けてもらった人は、助けてくれた人に恩返しがしたいし、他の人にも同じようなことをしてあげたい。そして、恩返しをしてもらった人は、また同じように人を助けたいと思う――このように向社会的な行為が、たった一つの小さな行為から広がっていくのなら、「思いやりの国ニッポン」を実現するのは、あなたのまわりにいる誰か一人の、そしてあなた自身のささやかな向社会的な行為なのかもしれない。

＊

本書の出発点は、まったく違った内容の書籍の企画で編集者の互盛央さんに会ったことがきっかけだった。その後、本書を執筆する機会をいただき、執筆中も的確なコメントと励ましをもらった。心から感謝したい。また、本書は多くの人の助けを借りて完成させることができた。パリ留学時代からの友人である関戸詳子さん、イギリス・リーズ大学時代の同僚の小林義治さん、大学院時代の友人の目黒麻生子さんには貴重なコメントをもらった。大学院時代にイェール大学での滞在がたまたま重なり、いろいろとお世話になった樋渡展洋先生には、第5章で使った意識調査に協力してもらった。イェール大学の東アジア研究協議会には本書の一部を発表する機会をもらい、参加者には有益なコメント・批判をいただいた。日本に関心をもつ私の学生アネタ・ラトバさん、マインダート・ボスマくんには資料の収集を手伝ってもらった。そして、読み始めてすぐに「何これおもんない」と言った妹にも、もちろん感謝したい。

最後に、本書には直接関わっていないが、イェール大学時代から共同研究をしているフランシス・ローゼンブルース先生に、この場を借りて謝辞を示したい。私が右も左も分からない大学院生だった頃から、なぜだか分からないが、私を信頼し、公私ともにサポートしてくれた。共同研究をしていて「これはダメだ」とか、「こうしろ」と言われたことはついぞなく、いつも私の好きなように研究をさせてくれた。それでも今の私の研究の多くは、間接的に、あるいは無意識的に、彼女の影響を強く受けており、本書も彼女の存在なしには日の目を見ることはなかっただろう。その彼女は今、体調を崩して療養中だが、一刻も早く回復して、直接本書をもってお礼できる日が来ることを願っている。

二〇二一年七月

田中世紀

文献一覧

日本語文献

阿部彩 二〇二一「日本の相対的貧困率の動向：2019年国民生活基礎調査を用いて」、科学研究費助成事業（科学研究費補助金）（基盤研究（B））「「貧困学」のフロンティアを構築する研究」報告書。
井手英策 二〇一八『幸福の増税論――財政はだれのために』岩波書店（岩波新書）。
片岡えみ 二〇一四「信頼感とソーシャル・キャピタル、寛容性」、『駒澤大學文學部研究紀要』第七二号（二〇一四年三月）、一三七―一五八頁。
坂本治也 二〇二〇「日本人の自助・共助・公助意識の分析」、『セミナー年報 二〇一九』関西大学経済・政治研究所、二〇二〇年三月、九七―一〇七頁。
佐々木周作・船崎義文・黒川博文・大竹文雄 二〇一七「血液型と献血行動――純粋利他性理論の検証」（行動経済学会第一一回大会報告論文）。
澤田康幸・上田路子・松林哲也 二〇一三『自殺のない社会へ――経済学・政治学からのエビデンスに基づくアプローチ』有斐閣。
中根千枝 二〇一九『タテ社会と現代日本』講談社（講談社現代新書）。
ブレイディみかこ 二〇一九『ぼくはイエローでホワイトで、ちょっとブルー』新潮社。
三谷はるよ 二〇一六『ボランティアを生みだすもの――利他の計量社会学』有斐閣。
山岸俊男 一九九九『安心社会から信頼社会へ――日本型システムの行方』中公論新社（中公新書）。

要藤正任 二〇一八『ソーシャル・キャピタルの経済分析――「つながり」は地域を再生させるか？』慶應義塾大学出版会。

邦訳文献

サンデル、マイケル 二〇一二『それをお金で買いますか――市場主義の限界』鬼澤忍訳、早川書房。

バトソン、C・ダニエル 二〇一二『利他性の人間学――実験社会心理学からの回答』菊池章夫・二宮克美訳、新曜社。

バナジー、アビジット・V＋エステル・デュフロ 二〇一二『貧乏人の経済学――もういちど貧困問題を根っこから考える』山形浩生訳、みすず書房。

ハーン、ラフカディオ 二〇〇〇『新編 日本の面影』池田雅之訳、角川書店（角川ソフィア文庫）。

外国語文献

Algoe, Sara B., Jonathan Haidt, and Shelly L. Gable. 2008, “Beyond Reciprocity: Gratitude and Relationships in Everyday Life”, *Emotion*, 8(3): 425-429.
Batson, C. Daniel 1987, “Prosocial Motivation: Is it ever Truly Altruistic?”, in *Advances in Experimental Social Psychology*, Vol. 20: *Social Psychological Studies of the Self: Perspectives and Programs*, edited by Leonard Berkowitz, San Diego: Academic Press, pp. 65-122.
Chopik, William J., Ed O’Brien, and Sara H. Konrath 2017, “Differences in Empathic Concern and Perspective Taking across 63 Countries”, *Journal of Cross-Cultural Psychology*, 48(1): 23-38.
Croson, Rachel and Uri Gneezy 2009, “Gender Differences in Preferences”, *Journal of Economic Literature*,

47(2): 448-474.

Darley, John M. and C. Daniel Batson 1973, "From Jerusalem to Jericho: A Study of Situational and Dispositional Variables in Helping Behavior", *Journal of Personality and Social Psychology*, 27(1): 100-108.

Darwin, Charles 1981, *The Descent of Man, and Selection in Relation to Sex*, London: Penguin.（チャールズ・ダーウィン『人間の由来』（全二冊）、長谷川眞理子訳、講談社（講談社学術文庫）、二〇一六年）

Fukuzawa, Ai, Keiko Katagiri, Kazuhiro Harada, Kouhei Masumoto, Makoto Chogahara, Narihiko Kondo, and Shuichi Okada 2019, "A Longitudinal Study of the Moderating Effects of Social Capital on the Relationships between Changes in Human Capital and *Ikigai* among Japanese Older Adults", *Asian Journal of Social Psychology*, 22(2): 172-182.

Hamlin, J. Kiley, Karen Wynn, and Paul Bloom 2007, "Social Evaluation by Preverbal Infants", *Nature*, 450: 557-559.

Harari, Yuval Noah 2018, *Sapiens: A Brief History of Humankind*, New York: Harper Perennial.（ユヴァル・ノア・ハラリ『サピエンス全史——文明の構造と人類の幸福』（全二巻）、柴田裕之訳、河出書房新社、二〇一六年）

Keltner, Dacher, Aleksandr Kogan, Paul K. Piff, and Sarina R. Saturn 2014, "The Sociocultural Appraisals, Values, and Emotions (SAVE) Framework of Prosociality: Core Processes from Gene to Meme", *Annual Review of Psychology*, 65: 425-460.

Lim, Sijeong and Seiki Tanaka 2019, "Work Disincentive Perceptions and Welfare State Attitudes: A Survey Experiment in South Korea", *Governance*, 32(3): 457-473.

Manning, Alan 2021, "Monopsony in Labor Markets: A Review", *ILR Review*, 74(1): 3-26.

Piketty, Thomas 2014, *Capital in the Twenty-First Century*, translated by Arthur Goldhammer, Cambridge, Mass.: Belknap Press of Harvard University Press.（トマ・ピケティ『21世紀の資本』山形浩生・守岡桜・森本正史訳、みすず書房、二〇一四年）

Putnam, Robert D. 2000, *Bowling Alone: The Collapse and Revival of American Community*, New York: Simon & Schuster.（ロバート・D・パットナム『孤独なボウリング——米国コミュニティの崩壊と再生』柴内康文訳、柏書房、二〇〇六年）

Ridley, Matthew, Gautam Rao, Frank Schilbach, and Vikram Patel 2020, “Poverty, Depression, and Anxiety: Causal Evidence and Mechanisms”, *Science*, 370(6522).

Rothstein, Bo and Dietlind Stolle 2008, “The State and Social Capital: An Institutional Theory of Generalized Trust”, *Comparative Politics*, 40(4): 441-459.

Scheve, Kenneth and David Stasavage 2020, “Economic Crises and Inequality in Light of COVID-19”, *American Political Science Association’s Comparative Politics Newsletter*, 30(2): 15-21.

Schoppa, Leonard 2012, “Residential Mobility and Local Civic Engagement in Japan and the United States: Divergent Paths to School”, *Comparative Political Studies*, 46(9): 1058-1081.

Small, Deborah A., George Loewenstein, and Paul Slovic 2007, “Sympathy and Callousness: The Impact of Deliberative Thought on Donations to Identifiable and Statistical Victims”, *Organizational Behavior and Human Decision Processes*, 102(2): 143-153.

Takano, Yohtaro and Eiko Osaka 2018, “Comparing Japan and the United States on Individualism / Collectivism: A Follow-Up Review”, *Asian Journal of Social Psychology*, 21(4): 301-316.

Titmuss, Richard M. 1970, *The Gift Relationship: From Human Blood to Social Policy*, London: Allen &

Unwin.

Welzel, Christian, Ronald Inglehart, and Franziska Deutsch 2005, “Social Capital, Voluntary Associations and Collective Action: Which Aspects of Social Capital Have the Greatest ‘Civic’ Payoff?”, *Journal of Civil Society*, 1(2): 121-146.

田中世紀（たなか・せいき）

一九八二年、島根県生まれ。東京大学大学院総合文化研究科博士課程修了。博士（学術）。現在、オランダ王国フローニンゲン大学助教授。専門は、政治学・国際関係論。

主な論文に、“What Explains Low Female Political Representation? Evidence from Survey Experiments in Japan”（共著、*Politics & Gender*）、“Work Disincentive Perception and Welfare State Attitudes”（共著、*Governance*）など。

やさしくない国《くに》ニッポンの政《せい》治《じ》経《けい》済《ざい》学《がく》

日《に》本《ほん》人《じん》は困《こま》っている人《ひと》を助《たす》けないのか

二〇二一年一〇月一二日　第一刷発行

著者　田《た》中《なか》世《せい》紀《き》

発行者　鈴木章一

発行所　株式会社 講談社
東京都文京区音羽二丁目一二―二一　〒一一二―八〇〇一
電話（編集）〇三―三九四五―四九六三
（販売）〇三―五三九五―四四一五
（業務）〇三―五三九五―三六一五

装幀者　奥定泰之

本文印刷　株式会社 新藤慶昌堂

カバー・表紙印刷　半七写真印刷工業 株式会社

製本所　大口製本印刷 株式会社

KODANSHA

ISBN978-4-06-525809-5　Printed in Japan　N.D.C.310　113p　19cm

講談社選書メチエの再出発に際して

講談社選書メチエの創刊は冷戦終結後まもない一九九四年のことである。長く続いた東西対立の終わりはついに世界に平和をもたらすかに思われたが、その期待はすぐに裏切られた。超大国による新たな戦争、吹き荒れる民族主義の嵐……世界は向かうべき道を見失った。そのような時代の中で、書物のもたらす知識が一人一人の指針となることを願って、本選書は刊行された。

それから二五年、世界はさらに大きく変わった。特に知識をめぐる環境は世界史的な変化をこうむったとすら言える。インターネットによる情報化革命は、知識の徹底的な民主化を推し進めた。誰もがどこでも自由に知識を入手でき、自由に知識を発信できる。それは、冷戦終結後に抱いた期待を裏切られた私たちのもとに差した一条の光明でもあった。

その光明は今も消え去ってはいない。しかし、私たちは同時に、知識の民主化が知識の失墜をも生み出すという逆説を生きている。堅く揺るぎない知識も消費されるだけの不確かな情報に埋もれることを余儀なくされ、不確かな情報が人々の憎悪をかき立てる時代が今、訪れている。

この不確かな時代、不確かさが憎悪を生み出す時代にあって必要なのは、一人一人が堅く揺るぎない知識を得、生きていくための道標を得ることである。

フランス語の「メチエ」という言葉は、人が生きていくために必要とする職、経験によって身につけられる技術を意味する。選書メチエは、読者が磨き上げられた経験のもとに紡ぎ出される思索に触れ、生きるための技術と知識を手に入れる機会を提供することを目指している。万人にそのような機会が提供されたとき初めて、知識は真に民主化され、憎悪を乗り越える平和への道が拓けると私たちは固く信ずる。

この宣言をもって、講談社選書メチエ再出発の辞とするものである。

二〇一九年二月　　野間省伸

MÉTIER

ヘーゲル『精神現象学』入門　長谷川 宏
カント『純粋理性批判』入門　黒崎政男
知の教科書 ウォーラーステイン　川北 稔編
人類最古の哲学 カイエ・ソバージュI　中沢新一
熊から王へ カイエ・ソバージュII　中沢新一
愛と経済のロゴス カイエ・ソバージュIII　中沢新一
神の発明 カイエ・ソバージュIV　中沢新一
対称性人類学 カイエ・ソバージュV　中沢新一
知の教科書 スピノザ　C・ジャレット 石垣憲一訳
知の教科書 ライプニッツ　梅原宏司・川口典成訳 F・パーキンズ
知の教科書 プラトン　三嶋輝夫ほか訳 M・エルラー
フッサール 起源への哲学　斎藤慶典
完全解読 ヘーゲル『精神現象学』　竹田青嗣 西 研
完全解読 カント『純粋理性批判』　竹田青嗣
本居宣長『古事記伝』を読むI～IV　神野志隆光
分析哲学入門　八木沢 敬
ドイツ観念論　村岡晋一

ベルクソン=時間と空間の哲学　中村 昇
精読 アレント『全体主義の起源』　牧野雅彦
九鬼周造　藤田正勝
夢の現象学・入門　渡辺恒夫
ヨハネス・コメニウス　相馬伸一
アダム・スミス　高 哲男
ラカンの哲学　荒谷大輔
記憶術全史　桑木野幸司
オカルティズム　大野英士
新しい哲学の教科書　岩内章太郎
アガンベン《ホモ・サケル》の思想　上村忠男
使える哲学　荒谷大輔

講談社選書メチエ　哲学・思想Ⅱ

MÉTIER

近代性の構造　今村仁司
身体の零度　三浦雅士
近代日本の陽明学　小島　毅
未完のレーニン　白井　聡
経済倫理＝あなたは、なに主義？　橋本　努
ヨーガの思想　山下博司
パロール・ドネ　C・レヴィ＝ストロース　中沢新一訳
ブルデュー　闘う知識人　加藤晴久
熊楠の星の時間　中沢新一
来たるべき内部観測　松野孝一郎
アメリカ　異形の制度空間　西谷　修
絶滅の地球誌　澤野雅樹
共同体のかたち　菅　香子
三つの革命　佐藤嘉幸・廣瀬　純
なぜ世界は存在しないのか　マルクス・ガブリエル　清水一浩訳
「東洋」哲学の根本問題　斎藤慶典
言葉の魂の哲学　古田徹也

実在とは何か　ジョルジョ・アガンベン　上村忠男訳
創造の星　渡辺哲夫
なぜ私は一続きの私であるのか　兼本浩祐
いつもそばには本があった。　國分功一郎・互　盛央
創造と狂気の歴史　松本卓也
「私」は脳ではない　マルクス・ガブリエル　姫田多佳子訳
西田幾多郎の哲学＝絶対無の場所とは何か　中村　昇
名前の哲学　村岡晋一
「心の哲学」批判序説　佐藤義之
贈与の系譜学　湯浅博雄
「人間以後」の哲学　篠原雅武
ドゥルーズとガタリの『哲学とは何か』を精読する　近藤和敬
自由意志の向こう側　木島泰三
自然の哲学史　米虫正巳
夢と虹の存在論　松田　毅